Espagnol de Cuba

Ilse Rubio-Longin

ASSiMiL

B.P. 25
94431 Chennevières sur Marne cedex
France

Cet ouvrage ne prétend pas remplacer un cours de langue, mais si vous investissez un peu de temps dans sa lecture et apprenez quelques phrases, vous pourrez très vite communiquer. Tout sera alors différent, vous vivrez une expérience nouvelle.

Un conseil : ne cherchez pas la perfection ! Vos interlocuteurs vous pardonneront volontiers les petites fautes que vous pourriez commettre au début. **Le plus important, c'est d'abandonner vos complexes et d'oser parler.**

Partie I
INTRODUCTION 9

Partie II
INITIATION À L'ESPAGNOL DE CUBA 15

Partie III
CONVERSATION 57

Introduction

↗ Comment utiliser ce guide

La partie "Initiation"

Vous disposez d'une petite demi-heure quotidienne ? Vous avez trois semaines devant vous ? Alors commencez par la partie "Initiation", 21 mini-leçons qui vous donnent, sans complications inutiles, les bases de l'espagnol parlé à Cuba, celles dont vous aurez besoin pour comprendre vos interlocuteurs et vous adresser à eux :

- découvrez la leçon du jour et lisez-la en vous aidant de la transcription phonétique fournie sous chaque phrase. La dernière ligne de chaque réplique vous donne la traduction mot à mot de la phrase et vous permet de vous familiariser avec la structure de la langue que vous apprenez ;
- lisez ensuite les brèves explications grammaticales : elles vous expliquent quelques mécanismes linguistiques que vous pourrez réutiliser avec facilité ;
- faites le petit exercice final, vérifiez que vous avez tout juste… et dès le lendemain, passez à la leçon suivante ! La régularité de votre apprentissage conditionne l'efficacité de notre méthodologie.

La partie "Conversation"

Pour être à l'aise dans toutes les situations courantes auxquelles vous serez confronté durant votre voyage, la partie "Conversation" de ce guide vous propose une batterie complète d'outils : du vocabulaire, bien sûr, mais aussi des structures de phrase variées que vous pourrez réutiliser en contexte. Vous le verrez, tous les mots espagnols sont accompagnés de leur traduction (avec le mot à mot) et d'une transcription figurée simple qui vous donne à voir comment les prononcer. Même si vous n'avez aucune connaissance préalable de l'espagnol de Cuba, ce "kit de survie" prêt à l'emploi fera de vous un voyageur autonome.

Cuba, faits et chiffres

Superficie	110 861 km²
Population	11 500 000 hab.
Capitale	La Havane
Dimensions	1250 km d'ouest en est
Frontières maritimes	États-Unis, Mexique, Jamaïque, Saint-Domingue, Haïti, Bahamas
Langue officielle	Espagnol
Régime politique	République communiste
Fête nationale	1er janvier
Religion	Catholicisme

Cuba, un peu d'histoire…

La découverte de l'île

Le 12 octobre 1492, Christophe Colomb découvre le Nouveau Monde. Quelques jours plus tard, il débarque sur la belle île de Cuba, peuplée d'Amérindiens (Taïnos et Ciboneys).

Au temps des Espagnols

Dès 1511, une colonie espagnole s'y établit. Parce qu'ils contractent les maladies apportées par les colons et souffrent physiquement du fait de leur nouveau statut d'esclaves, beaucoup d'Amérindiens meurent. Face à cette situation, les colons font venir de nouveaux esclaves d'Afrique noire. Ces derniers arrivent en masse au cours du XIXe siècle, accompagnant notamment de riches propriétaires blancs, d'origine française, en provenance de Saint-Domingue et désireux de s'installer à Cuba.

Métissage et indépendance

Le brassage de populations qui en découle s'accompagne de la naissance d'un fort sentiment créole. Les descendants des premiers Espagnols souhaitent s'affranchir de la Couronne espagnole. S'affirme alors le caractère multiracial de la société cubaine. En 1886, l'esclavage est aboli, en 1893, on proclame l'égalité entre Noirs et Blancs, et dès 1895, des Noirs (devenus, comme Antonio Maceo, des héros nationaux) participent au mouvement d'indépendance de Cuba qui aboutit à la Déclaration d'Indépendance, en 1898. Dès lors, la République de Cuba voit se succéder des gouvernements corrompus et frauduleux. En 1952, Fulgencio Batista, élu démocratiquement en 1940, reprend le pouvoir lors d'un coup d'État. Les révolutionnaires menés par Fidel Castro l'en chassent le 1er janvier 1959.

La République socialiste

S'ensuivent de nombreuses nationalisations, l'épisode de la baie des Cochons (ou **Playa Girón**, invasion manquée de l'île par des dissidents cubains établis en Floride) en 1961, puis celui de la crise des missiles de Cuba, en 1962. Ces événements conduisent les Américains à instaurer un embargo à l'encontre de Cuba. Le régime devient une dictature communiste. L'exode massif des premières années de la Révolution est suivi de grandes périodes d'émigration clandestine. En 1980, plus de 100 000 Cubains quittent le pays. La situation économique se dégrade fortement avec l'effondrement du bloc communiste dans les années 1990. Pour la première fois depuis l'avènement du régime communiste, les Cubains qui quittent l'île le font poussés par des raisons économiques (épisode des **Balseros**). En 2006, pour des raisons de santé, Fidel Castro cède sa place à la tête du pouvoir à son frère Raúl. De nos jours, il semblerait que le régime se libéralise progressivement. Toutefois l'influence et la présence de Fidel Castro demeurent vivaces.

L'espagnol de Cuba

L'espagnol de Cuba n'est pas bien différent de celui d'Espagne ou d'Amérique latine. Sa prononciation est cependant plus douce qu'en Espagne et donc plus facile pour un francophone. Le vocabulaire cubain se différencie parfois du castillan parlé en Espagne car les Cubains ont inventé des expressions et des mots dont certains se retrouvent dans toute l'Amérique latine.

L'alphabet

Vous n'aurez aucune difficulté à vous familiariser avec l'alphabet espagnol, très similaire à l'alphabet français : la seule exception est que l'espagnol comporte une lettre de plus, le **ñ** : **a** *[a]*, **b** *[bé]*, **c** *[sé]*, **d** *[dé]*, **e** *[è]*, **f** *[**é**ffé]*, **g** *[Hé]*, **h** *[**a**tché]*, **i** *[i]*, **j** *[**Ho**ta]*, **k** *[ka]*, **l** *[**é**lé]*, **m** *[**é**mé]*, **n** *[**é**né]*, **ñ** *[égné]*, **o** *[o]*, **p** *[pé]*, **q** *[cou]*, **r** *[**é**RRé]*, **s** *[**é**ssé]*, **t** *[té]*, **u** *[ou]*, **v** *[**ou**bé]*, **w** *[do**blé** bé]*, **x** *[**é**kiss]*, **z** *[**sé**ta]*. Voyez les rabats 2 et 3 pour plus d'informations.

La prononciation

Afin de vous familiariser avec la prononciation espagnole, nous vous proposons quelques traits qui lui sont propres :

- Toutes les lettres se prononcent. Ainsi, il n'y a pas de nasales en espagnol. Pour **an**, **on**, **en**, **in**, **un** ; **am**, **om**, **em**, **im**, **um**, prononcez les voyelles distinctement, en les détachant bien du **n** ou du **m** qui les suit.
- Certains Cubains escamotent les **s** et les fins de mots ou tout simplement remplacent les **r** par des **l** et vice-versa : cela fait partie des déformations phonétiques normales de la langue.
- Faites bien attention à l'intonation. Nous avons mis en gras les syllabes qui doivent être prononcées de manière plus appuyée.

Initiation

1er jour

Con la familia y los amigos
Avec la famille et les amis

1 **Buenos días Señor, busco a mi tía y a mi amigo.**

*bou**é**noss **di**ass sé**gnoR** **bouss**co a mi **ti**a i a mi a**mi**go*

bons jours monsieur cherche à ma tante et à mon ami

Bonjour Monsieur, je cherche ma tante et mon ami.

2 **¿Un hombre y una mujer extranjeros?**

*ounn **omm**bRé i **ou**na mou**Hér** écstRann**Hé**Ross*

un homme et une femme étrangers

Un homme et une femme étrangers ?

3 **Sí, una turista y un turista comprando un mapa, agua y una flor.**

*si **ou**na tou**Riss**ta i ounn tou**Riss**ta comm**pRann**do ounn **ma**pa **a**goua i **ou**na floR*

oui une touriste et un touriste achetant un plan eau et une fleur

Oui, une touriste et un touriste achetant un plan, de l'eau et une fleur.

Notes de grammaire

Les genres : le masculin est généralement terminé par un **o** et le féminin par un **a** → **amigo**, *l'ami*, et **amiga**, *l'amie*. Cependant, d'autres terminaisons existent : les noms masculins peuvent avoir des terminaisons en **r**, **l** et **n** et les noms féminins en **d**, **ción**, et **z**. Certains noms ont des formes féminine et masculine très différentes l'une de l'autre : **hombre** et **mujer**, par exemple. D'autres enfin ont une formation atypique comme **flor**. Leur genre est difficilement reconnaissable.

Les articles : l'article défini **el/la**, et l'article indéfini **un/una** vous aideront à identifier le genre des noms. Bien évidemment toute règle comporte des exceptions et les noms féminins commençant par **a** ou **ha**, tels que **agua** utilisent l'article défini ou indéfini masculin : **el agua**.

Entraînement – Traduisez les phrases suivantes

1. Bonjour monsieur !
2. Je cherche un plan.
3. el agua
4. la turista

Solutions

1. ¡Buenos días, Señor!
2. Busco un mapa.
3. l'eau
4. la touriste

2e jour

¿De dónde eres?
D'où viens-tu ?

1 **¡Hola! ¿Cómo estás?**
*o**la co**mo éss**tass***
salut comment es
Bonjour ! Comment vas-tu ?

2 **¡Muy bien, gracias! ¿De dónde eres?**
***mou**ï bi**énn gRa**ssiass dé **donn**dé **é**Réss*
très bien merci d'où es
Très bien, merci ! D'où viens-tu ?

3 **¿Soy de Francia y ustedes?**
***so**ï dé **fRann**sia i ouss**té**déss*
suis de France et vous
Je viens de France et vous ?

4 **Nosotras somos de La Habana misma.**
*no**sso**tRass **so**moss dé la a**ba**na **miss**ma*
nous sommes de la Havane même
Nous sommes de La Havane même.

Notes de grammaire

Ser *[séR]* **et *estar*** *[éss**taR**]* signifient tous deux *être* :
– **ser** traduit la continuité, la qualité durable (nationalité, sexe, profession, etc.) : **es enfermo** *[énn**fé**Rmo], il est malade mental* (état durable).
– **estar** traduit ce qui est temporaire (endroit où l'on se trouve, états d'âme, etc.) : **estoy enfermo**, *je suis malade* (état passager).

je suis	**yo soy/estoy**	*djo **soï**/éss**toï***
tu es	**tú eres/estás**	*tou **é**Réss/éss**tass***
vous êtes	**usted* es/está**	*ouss**té** éss/éss**ta***
il/elle est	**él/ella es/está**	*él/**é**dja éss/éss**ta***
nous sommes	**nosotros/as somos/ estamos**	*nos**so**tRoss/ass **so**moss/ éss**ta**moss*
vous êtes	**ustedes* son/ están**	*ouss**té**déss sonn/ éss**tann***
ils/elles sont	**ellos/ellas son/ están**	***é**djoss/**é**djass sonn/ éss**tann***

* L'abréviation est **Ud** pour **usted** et **Uds** pour **ustedes**.

Les pronoms personnels sujets : ils sont souvent omis car la terminaison des verbes conjugués définit la personne à laquelle ils se rapportent. Toutefois, on les utilise quand il y a ambiguïté (entre **él/ella** et **usted** et entre **ellos/ellas** et **ustedes**).
Notez aussi l'accord de la 1re personne du pluriel : **nosotras** est féminin, **nosotros** masculin.

Entraînement – Traduisez les phrases suivantes

1. Tu viens du Canada.
2. Ellos están en el hotel.
3. Soy de la Habana.

Solutions

1. Eres de Canadá.
2. Ils sont à l'hôtel.
3. Je viens de la Havane.

3e jour

En el restaurante
Au restaurant

1 **Los paladeres de las calles del Vedado son tranquilos y limpios.**

*loss pala**da**Réss dé lass **ca**djéss dél bé**da**do sonn tRann**ki**loss i **limm**pioss*

les paladares de les rues du Vedado sont tranquilles et propres

Les paladares des rues du Vedado sont tranquilles et propres.

2 **Entremos en el primer paladar: "El Rubí".**

*énn**tRé**moss énn él pRi**méR** pala**daR** él RRou**bi***

entrons dans le premier paladar le Rubi

Entrons dans le premier paladar : « Le Rubi ».

3 **Aquí se come una comida criolla muy buena.**

*a**ki** sé **co**mé **ou**na co**mi**da cRi**o**dja **mouï** bou**é**na*

ici se mange une nourriture créole très bonne

Ici on mange de la très bonne cuisine créole.

4 **¿Y en el del "Avestruz"?**

*i énn él dél abéss**tRouss***

et en le de l'autruche

Et dans celui de l'« Autruche » ?

5 **¡Unos mojitos grandes y deliciosos!**

***ou**noss mo**Hi**toss **gRann**déss i délissi**o**ssoss*

uns mojitos grands et délicieux

De grands et délicieux mojitos !

Notes de grammaire

L'adjectif : en général, l'adjectif a une terminaison en **o** au masculin singulier et en **a** au féminin singulier. Ceux ayant une terminaison en **e**, **l** ou **z**, restent invariables au féminin et au masculin. Certains adjectifs, comme **bueno**, *bon* ; **malo** *[malo]*, *mauvais* ; **primero**, *premier*, perdent leur dernière voyelle devant un nom masculin. Autre cas : devant un nom, **grande** devient **gran** → **un gran hombre**, *un grand homme*.

Le pluriel : au pluriel, on ajoute un **s** aux noms se terminant par **a**, **e**, **i**, **o**, **u** ou **é** (**la calle** → **las calles**). Cette règle s'applique aux adjectifs en **o** et **a**, aux articles définis et indéfinis à l'exception de **un** *[ounn]*, *un*, dont le pluriel se forme en ajoutant **-os** (**unos**). Les noms qui se terminent en **á**, **í**, **ó**, **ú**, **y** ou par une consonne et les adjectifs en **e** ou **l** font leur pluriel en **es** : **paladar** → **paladares**. Les noms et les adjectifs qui se terminent en **z** font leur pluriel en **ces** et perdent leur **z** : **avestruz** → **avestruces**.

Entraînement – Traduisez les phrases suivantes

1. Le paladar « Les Autruches ».
2. La rue est propre.
3. Un paladar muy grande.

Solutions

1. El paladar "Los Avestruces".
2. La calle está limpia.
3. Un paladar très grand.

↗ 4e jour

De compras
Shopping

1 **Quiero comprarme un vestido.**

kiéRO commpRARmé ounn bésstido

veux acheter-me un robe

Je veux m'acheter une robe.

2 **¿De qué colorcito? ¿Azul oscuro, carmelita o negro?**

dé ké colorsito assoul osscouRO caRmélita o négRO

de que petit-couleur bleu foncé marron ou noir

De quelle couleur ? Bleu foncé, marron ou noir ?

3 **¡Claro, lo elegante es vestirse sobrio!**

claRO lo éléganté éss bésstiRsé sobRio

clair le élégant est habiller-se sobre

Bien sûr, ce qui est élégant, c'est de s'habiller sobrement !

4 **Yo también quiero comprarme una blusa blanca y un creyón de labios rojito claro.**

djo tammbiénn kiéRO commpRARmé ouna bloussa blannca i ounn cRédjonn dé labioss RRoHito claRO

moi aussi veux acheter-me un chemisier blanc et un crayon de lèvres petit-rouge clair

Moi aussi je veux m'acheter un chemisier blanc et un rouge à lèvres rouge clair.

Notes de grammaire

L'article neutre : l'article **lo** étant neutre, il n'accompagne jamais un nom. Il peut précéder un adjectif ou un participe passé invariable et prendre la place d'un nom, surtout pour exprimer quelque chose de général ou d'abstrait.

Les diminutifs : les Cubains aiment utiliser les diminutifs, notamment avec les couleurs mais aussi avec d'autres mots. Ainsi, **-ito/a** (m./f.) est un diminutif très commun. On emploie **-ito** et **-ita** avec les mots qui se terminent par un **a** ou un **o** ou par une consonne autre que **n** et **r** : **rosadito** *[RRossadito], un petit rose* (la voyelle finale du mot disparaît pour laisser place au diminutif). On utilise la variante **-cito/-cita** avec les mots ayant une terminaison en **e**, **n** ou **r** : **creyoncito** *[cRédjonnsito], un petit crayon*.

Entraînement – Traduisez les phrases suivantes

1. Une petite robe sobre.
2. Ce qui est élégant, c'est le bleu.
3. Un creyón de labios rojito
4. Una blusita blanca y negra

Solutions

1. Un vestidito sobrio.
2. Lo elegante es lo azul.
3. Un petit rouge à lèvres rouge (litt. "un crayon de lèvres petit-rouge")
4. Un petit chemisier blanc et noir

5e jour

En el hotel
À l'hôtel

1 **¡Quiero una habitación menos ruidosa que la 200!**
kiéRO ouna abitassionn ménoss RRouidossa ké la dossiénntoss
veux une chambre moins bruyante que la 200
Je veux une chambre moins bruyante que la 200 !

2 **Tengo una, más grande que la 200, que no da a la avenida.**
ténngo ouna mass gRanndé ké la dossiénntoss ké no da a la abénida
ai une plus grande que la 200 que ne donne à l'avenue
J'en ai une, plus grande que la 200, qui ne donne pas sur l'avenue.

3 **Si es mejor que la 200 y menos cara...**
si éss méHoR ké la dossiénntoss i ménoss caRa
si est mieux que la 200 et moins chère
Si elle est mieux que la 200 et moins chère...

4 **No, es carísima, con una lindísima vista.**
no éss caRissima conn ouna linndissima bissta
non est très chère avec une très-jolie vue
Non, elle est très chère, avec une très jolie vue.

5 **Prefiero entonces una habitación tan barata como la 200.**
pRéfiéRO énntonnséss ouna abitassionn tann baRata como la dossiénntoss
préfère alors une chambre tant bon marché comme la 200
Alors je préfère une chambre aussi bon marché que la 200.

Notes de grammaire

Les comparatifs de supériorité, d'infériorité et d'égalité :

plus… que *meilleur… que*	**más… que** **mejor… que**	*mass ké* *méHOR ké*
moins… que *pire… que*	**menos… que** **peor… que**	*ménoss ké* *péOR ké*
aussi… que	**tan… como**	*tann como*

Le superlatif absolu. Il se construit ou en enlevant la dernière voyelle de l'adjectif et en la remplaçant par **-ísimo** pour les masculins et par **-ísima** pour les féminins ou en utilisant l'adverbe **muy** *[mouï], très*, suivi de l'adjectif : **es muy caro**, *c'est très cher* = **es carísimo**.

Entraînement – Traduisez les phrases suivantes

1. L'hôtel est très bon marché.

2. La chambre bon marché est aussi grande que la chambre bruyante.

3. ¡La habitación es peor que la 200 y carísima!

Solutions

1. El hotel es muy barato.

2. La habitación barata es tan grande como la habitación ruidosa.

3. La chambre est pire que la 200 et très chère !

6e jour

En el correo
À la poste

1 **Busco el correo.**
***bouss**co él co**RR**éo*
cherche la poste
Je cherche la poste.

2 **Sube estos escalones y ya estás...**
sou**bé **éss**toss ésscal**o**néss i dja éss**tass
monte ces marches et déjà es
Monte ces marches et tu y es...

3 **¿Venden sellos lindos?**
***bénn**dénn **sé**djoss **linn**doss*
vendent timbres jolis
Vendent-ils de jolis timbres ?

4 **Tienen con peces.**
*ti**é**nénn conn **pé**sséss*
ont avec poissons
Ils en ont avec des poissons.

5 **¡Bárbaro! Quiero también visitar el Acuario.**
***baR**baRo ki**é**Ro tammbi**énn** bissi**taR** él acou**a**Rio*
barbare veux aussi visiter l'aquarium
Super ! Je veux aussi visiter l'Aquarium.

Note de grammaire
Les verbes espagnols : ils se divisent en trois groupes selon leurs terminaisons à l'infinitif, **-ar**, **-er** ou **-ir**.

(1) **hablar**, *parler* : **hablo** *[ablo]*, *je parle* ; **hablas** *[ablass]*, *tu parles* ; **él/ella habla** *[abla]*, *il/elle parle* ; **usted habla**, *vous parlez* ; **hablamos** *[ablamoss]*, *nous parlons* ; **ustedes hablan** *[ablann]*, *vous parlez* ; **ellos/ellas hablan**, *ils/elles parlent.*
(2) **comer**, *manger* : **como** *[como]*, *je mange* ; **comes** *[coméss]*, *tu manges* ; **él/ella come** *[comé]*, *il/elle mange* ; **usted come**, *vous mangez* ; **comemos** *[comémoss]*, *nous mangeons* ; **ustedes comen** *[coménn]*, *vous mangez* ; **ellos/ellas comen**, *ils/elles mangent.*
(3) **escribir**, *écrire* : **escribo** *[ésscribo]*, *j'écris* ; **escribes** *[ésscribéss]*, *tu écris* ; **él/ella escribe** *[ésscribé]*, *il/elle écrit* ; **usted escribe**, *vous écrivez* ; **escribimos** *[ésscribimoss]*, *nous écrivons* ; **ustedes escriben** *[ésscribénn]*, *vous écrivez* ; **ellos/ellas escriben**, *ils/elles écrivent.*

Entraînement – Traduisez les phrases suivantes

1. Tu vends des timbres.
2. Vous (singulier) visitez la ville.
3. Ustedes escriben a Paul.

Solutions

1. Vendes sellos.
2. Usted visita la ciudad.
3. Vous écrivez à Paul.

7e jour

Cogemos un taxi
Nous prenons un taxi

1 **¡No puedo caminar más!**

no pouédo caminaR mass

ne peux marcher plus

Je ne peux plus marcher davantage !

2 **¿Cogemos una guagua o un taxi?**

coHémoss ouna gouagoua o ounn taksi

prenons un bus ou un taxi

Nous prenons un bus ou un taxi ?

3 **No quiero ni guagua ni tampoco un colectivo...**

no kiéRo ni gouagoua ni tammpoco ounn coléctibo

ne veux ni bus ni non plus un collectif

Je ne veux pas de bus ni de taxi collectif...

4 **¡Yo te propongo un almendrón!**

djo té pRoponngo ounn alménndRonn

je te propose un gros-amande

Je te propose une voiture de collection !

5 **¡Tú tienes una idea bárbara!**

tou tiénéss ouna idéa baRbaRa

tu as une idée barbare

Tu as une idée géniale !

Notes de grammaire

L'ordre des mots dans la phrase est simple : sujet + verbe + complément d'objet direct (COD). Le COD est parfois suivi (ou précédé dans le cadre de certains compléments pronoms) d'un complément d'objet indirect (COI).

La phrase négative. Retenez qu'en espagnol, la double négation *ne... pas* n'existe pas : il suffit d'employer **no** devant le verbe conjugué pour exprimer la négation. Vous pouvez également utiliser des mots négatifs. S'ils sont employés avec **no**, ils se placent derrière le verbe : **ninguno/a** *[ninn**gou**no/a]*, *aucun(e)* ; **nunca** *[**nounn**ca]*, *jamais* ; **ni** *[ni]*, *ni* ; **tampoco** *[tamm**po**co]*, *non plus* ; **nadie** *[**na**dié]*, *personne* ; **nada** *[**na**da]*, *rien*. S'ils sont employés sans **no**, ils se placent avant le nom. Voyez la différence entre **No veo a nadie**, *Je ne vois personne*, et **Nadie me habla**, *Personne ne me parle*.

Entraînement – Traduisez les phrases suivantes

1. Je prends un taxi collectif.
2. Je ne veux pas non plus marcher.
3. **Te propongo la guagua.**
4. **Nadie coge la guagua.**

Solutions

1. **Yo cojo un colectivo.**
2. **No quiero tampoco caminar.**
3. Je te propose le bus.
4. Personne ne prend le bus.

8e jour

En la guagua
Dans le bus

1 **Éste es mi asiento.**
***éss**té éss mi assi**énn**to*
celui-ci est mon siège
C'est ma place.

2 **¿Estás seguro?**
*éss**tass** sé**gou**RO*
es sûr
Es-tu sûr ?

3 **¡Sí, no es el suyo!**
*si no éss él **sou**djo*
oui n'est le vôtre
Oui, ce n'est pas la vôtre !

4 **¡Yo no me muevo de aquí, hijo!**
*djo no mé mou**é**bo dé a**ki** **i**Ho*
je ne me bouge d'ici fils
Je ne bouge pas d'ici, fiston !

5 **¡¿Por qué en la reservación me dieron el 15?!**
*poR **ké** énn la RRésséRbassi**onn** mé di**é**Ronn él **kinn**sé*
pourquoi en la réservation m'ont donné le 15
Pourquoi m'a-t-on donné le n° 15 à la réservation ?!

Notes de grammaire

Les phrases interrogatives : elles commencent par **¿** et se terminent par **?** afin d'annoncer au lecteur la teneur de la phrase.

Les mots interrogatifs : **¿Cuánto?** *[couannto], Combien ?* ; **¿Cómo?** *[como], Comment ?* ; **¿Dónde?** *[donndé], Où ?* ; **¿Por qué?** (à différencier de **porque** *[porké], parce que*), *Pourquoi ?* ; **¿Para qué?** *[para ké], Pour quoi faire ?* ; **¿Quién?** *[kiénn], Qui ?* ; **¿Qué?** *[ké], Quoi ? / Que ?* ; **¿Cuándo?** *[couanndo], Quand ?*

Les adjectifs possessifs. Certains adjectifs se placent avant le verbe : **mi/mis**, *mon/ma/mes* ; **tu/tus** *[tou/touss], ton/ta/tes* ; **su/sus** *[sou/souss], son/sa/ses, votre/vos, leur/leurs* ; **nuestro(s)/nuestra(s)** *[nouésstro(ss)/a(ss)], notre/nos*. D'autres se placent toujours après le verbe : **mío(s)/a(s)** *[mio(ss)/a(ss)], mien(s)/ne(s)* ; **tuyo(s)/a(s)** *[toudjo(ss)/a(ss)], tien(s)/ne(s)* ; **suyo(s)/a(s)** *[soudjo(ss)/a(ss)], sien(s)/ne(s), vôtre (vos)* (m./f.), *leur (leurs)* (m./f.) ; **nuestro(s)/a(s)**, *nôtre (nos)* (m./f.).

Entraînement – Traduisez les phrases suivantes

1. C'est votre place.
2. Où est le bus ?
3. **¿Quién eres?**
4. **Es la suya.**

Solutions

1. **Es su asiento.**
2. **¿Dónde está la guagua?**
3. Qui es-tu ?
4. C'est la vôtre.

9e jour

¡Ponchado!
Crevé !

1 **¡Caramba! ¡Esta goma está ponchada!**
caRammba éssta goma éssta ponntchada
zut cette pneu est crevée
Zut ! Ce pneu est crevé !

2 **¡Sí, este carro es un cacharro!**
si éssté caRRo éss ounn catchaRRo
oui ce voiture est un tacot
Oui, cette voiture est un [vrai] tacot !

3 **!Trágame tierra!**
tRagamé tiéRRa
avale-moi terre
Quel désespoir !

4 **¡Hombre! ¡Calma!**
ommbRé calma
homme calme
Mon vieux ! Du calme !

Notes de grammaire

Les phrases exclamatives : elles commencent par **¡** et finissent par !. Certains mots, purement exclamatifs, expriment l'admiration (**¡ah!**, **¡oh!**), un désir (**¡ojalá!**), la plainte (**¡ay!**), ou minimisent un propos (**¡bah!**).
¡Hombre! *[ommbRé]* (litt. "homme") exprime diverses nuances et est traduit, selon les cas, par *mon vieux*, *tiens*, *allons donc*, *vraiment*…

Les démonstratifs : ils s'emploient à la fois en tant que pronoms et adjectifs. Petite astuce : seuls les pronoms portent un accent écrit. Retenez que **esto**, **eso** et **aquello** ne s'emploient que comme pronoms et ne portent pas d'accent écrit. Les pronoms démonstratifs sont les suivants : **esto / ésta / éste** (n.) *[éssto/a/é], celui-ci / celle-ci / ceci* ; **eso / ésa / ése** (n.) *[ésso/a/é], celui-là / celle-là / cela* ; **aquello / aquélla / aquél** (n.) *[akédjo/a/akél], celui-là là-bas / celle-là là-bas / cela là-bas.* Et les adjectifs démonstratifs : **este / esta** *[éssté/a], ce/cet / cette ;* **ese / esa** *[éssé/a], ce/cet… là / cette… là ;* **aquel / aquella** *[akél/akédja], ce/cet… là-bas / cette … là-bas.*

Entraînement – Traduisez les phrases suivantes

1. Ce tacot là-bas !
2. Allons donc, mon pneu est crevé !
3. **No quiero coger taxi.**
4. **¡Caramba! ¡Pierre está ahí!**

Solutions

1. **¡Aquel cacharro!**
2. **¡Hombre, mi goma está ponchada!**
3. Je ne veux pas prendre de taxi.
4. Zut ! Pierre est là !

10e jour

En el médico
Chez le médecin

1 **Creo que estoy cogiendo un virus.**
cRéo ké ésstoï coHiénndo ounn biRouss
pense que suis prenant un virus
Je pense que je suis en train d'attraper un virus.

2 **¿Tiene fiebre?**
tiéné fiébRé
avez fièvre
Avez-vous de la fièvre ?

3 **Sí, estoy teniendo mucha.**
si ésstoï téniénndo moutcha
oui suis ayant beaucoup
Oui, j'en ai depuis quelque temps.

4 **¡Hay que bajársela pronto!**
aï ké baHaRséla pRonnto
faut que baisser-vous-la bientôt
Il faut vous la faire baisser rapidement !

5 **Me están empezando escalofríos...**
mé ésstann émmpéssanndo ésscalofRioss
me sont commençant frissons
Je commence à avoir des frissons...

Notes de grammaire

Le verbe "avoir" se traduit par **haber** *[abéR]* (auxiliaire dans la formation des temps composés) ou **tener** *[ténéR]*, *posséder*.

j'ai	**he** *[é]*	**tengo** *[ténngo]*
tu as	**has** *[ass]*	**tienes** *[tiénéss]*
il/elle a / vous avez	**ha** *[a]*	**tiene** *[tiéné]*
nous avons	**hemos** *[émoss]*	**tenemos** *[ténémoss]*
vous avez / ils/elles ont	**han** *[ann]*	**tienen** *[tiénénn]*

La forme impersonnelle de **haber** (**hay** *[aï], il y a*) est utilisée dans l'expression **hay que** *[aï ké], il faut que*.

« **Être en train de** » : pour rendre l'idée d'une action en train de se réaliser ou répétitive dans un espace-temps défini, l'espagnol utilise la forme « verbe **estar** au présent + gérondif du verbe portant l'action ». Les verbes en **-ar** font leur gérondif en **-ando** et les verbes en **-er** et **-ir** en **-iendo** : **estoy cogiendo (...)**, *je suis en train d'attraper (...)*.

Entraînement – Traduisez les phrases suivantes

1. Il est en train de marcher.
2. Nous avons nos places.
3. Está bajando la fiebre.

Solutions

1. Está caminando.
2. Tenemos nuestros asientos.
3. La fièvre est en train de baisser.

11e jour

¿Un concierto?
Un concert ?

1 **Pienso ir al concierto.**

*pi**énn**so iR al connsi**éR**to*

pense aller au concert

Je pense aller au concert.

2 **¡Cuenta conmigo!**

*cou**énn**ta conn**mi**go*

compte avec-moi

Compte sur moi !

3 **Okay.**

*o**ké**ï*

OK.

4 **¿Puedes repetir? No oigo bien.**

*pou**é**déss RRépé**tiR** no **o**ïgo bi**énn***

peux répéter n'entend bien

Peux-tu répéter ? Je n'entends pas bien.

5 **¡Menos mal, es Heavy Metal!**

***mé**noss mal éss **Hé**bi **mé**tal*

moins mal est Heavy metal

Heureusement, c'est du Heavy Metal !

Note de grammaire

Les verbes irréguliers : ceux de la 1re catégorie de verbes changent leur **-e** en **-ie** (sauf à la 1re pers. du pluriel) mais leur conjugaison est régulière. Parmi eux, **cerrar** *[séRRaR]*, *fermer* ; **defender**

[défénndéR], défendre ; **empezar** *[émmpéssaR], commencer* ; **pensar** *[pénnsaR], penser* ; **perder** *[péRdéR], perdre*. Ex. : **quiero** *[kiéRo], je veux* ; **queremos** *[kéRémoss], nous voulons*.

Les verbes de la 2e catégorie changent leur **-o** en **-ue** (sauf à la 1re personne du pluriel). Leur conjugaison est régulière (6e jour) : **contar** *[conntaR], compter* ; **costar** *[cosstaR], coûter* ; **dormir** *[doRmiR], dormir* ; **morir** *[moRiR], mourir* ; **llover** *[djobéR], pleuvoir*. Ex.: **duermo** *[douéRmo], je dors* ; **dormimos** *[doRmimoss], nous dormons*.

La 3e catégorie correspond aux verbes changeant leur **-c** en **-zc** à la 1re personne du singulier, comme ceux finissant en **-cer** et **-ducir** comme **conocer** *[conosséR], connaître* ; **conducir** *[conndoussiR], conduire*. Ex. : **conozco** *[conosco], je connais* ; **conocemos** *[conossémoss], nous connaissons*.

Entraînement – Traduisez les phrases suivantes

1. Je n'entends pas.
2. Il dit la vérité.
3. No quiero.
4. ¿Puedes dormir?

Solutions

1. No oigo.
2. Dice la verdad.
3. Je ne veux pas.
4. Peux-tu dormir ?

12e jour

Entre amigos
Entre amis

1 **¡Debemos vernos más a menudo!**
débémoss bérnoss mass a ménoudo
devons voir-nous plus souvent
Il [nous] faut nous voir plus souvent.

2 **Quiero invitarte a almorzar.**
kiéro innbitarté a almorsar
veux inviter-te à déjeuner
Je veux t'inviter à déjeuner.

3 **¿Cuándo?**
couanndo
quand
Quand ?

4 **¡¿Tiene que ser mañana?!**
tiéné ké sér magnana
doit que être demain
Est-ce que cela doit être demain ?!

5 **Es que voy a salir de viaje…**
éss qué boï a salir dé biaHé
est que vais à sortir de voyage
C'est que je pars en voyage…

Notes de grammaire

Les verbes irréguliers (suite) : certains verbes sont irréguliers à la 1re personne : **doy** *[doï], je donne* ; **hago** *[ago], je fais* ; **digo** *[digo],* *je dis* ; **pongo** *[ponngo], je mets* ; **veo** *[béo], je vois* ; **salgo** *[salgo], je sors* ; **sé** *[sé], je sais*.

D'autres sont complètement irréguliers :

- **ir** *[iR], aller* : **voy** *[boï], je vais* ; **vas** *[bass], tu vas* ; **va** *[ba], il/elle va / vous allez* ; **vamos** *[bamoss], nous allons* ; **van** *[bann], ils/elles vont / vous allez* ;
- **oír** *[oïR], entendre* : **oigo** *[oïgo], j'entends* ; **oyes** *[odjéss], tu entends* ; **oye** *[odjé], il/elle entend / vous entendez* ; **oímos** *[oïmoss], nous entendons* ; **oyen** *[odjénn], vous entendez / ils/elles entendent* ;
- **venir*** *[béniR], venir* : **vengo** *[bénngo], je viens* ; **vienes** *[biénéss], tu viens* ; **viene** *[biéné], il/elle vient / vous venez* ; **venimos** *[bénimoss], nous venons* ; **vienen** *[biénénn], vous venez / ils/elles viennent*.

* **salir** *[saliR], sortir*, se conjugue comme **venir**.

Les auxiliaires modaux : ils s'emploient avec un autre verbe qui définit l'action et nuancent ce dernier. **Deber** *[débéR]* ou **tener que**, *devoir*, expriment une obligation forte ; **poder**, *pouvoir*, une capacité ; **saber**, *savoir*, une capacité innée ou acquise, et **querer**, le souhait ou le désir.

Entraînement – Traduisez les phrases suivantes

1. Ils veulent sortir.
2. Il ne peut pas conduire.
3. No debes fumar.

Solutions

1. Quieren salir.
2. No puede conducir.
3. Tu ne dois pas fumer.

13e jour

En la peluquería
Chez le coiffeur

1 **¿Te quieres cortar el pelo?**

té kiéréss cortar él pélo

te veux couper le cheveu

Tu veux te [faire] couper les cheveux ?

2 **Me lo encuentro muy largo.**

mé lo énncouénntro mouï largo

me le trouve trop long

Je les trouve trop longs.

3 **Haste un moño.**

assté ounn mogno

fais-toi un chignon

Fais-toi un chignon.

4 **Quiero teñírmelo de anaranjado y cortármelo en batalla.**

kiéro tégnirmélo dé anarannHado i cortarmélo énn batadja

veux teindre-me-le d'orange et couper-me-le en bataille

Je veux les teindre en orange et les avoir en pétard.

5 **¿A tu edad? Realmente...**

a tou éda RRéalménnté

à ton âge réellement

À ton âge ? Vraiment...

Notes de grammaire

Les verbes pronominaux : ils se construisent avec les pronoms réfléchis **me**, *me* ; **te**, *te* ; **se**, *se / vous* ; **nos** *[noss]*, *nous* ; **se**, *vous / se*.

À l'infinitif et à l'impératif, on met le pronom réfléchi à la fin du verbe : **cortarse** *[cortarsé], se couper* → **córtate** *[cortaté], coupe-toi*. Dans les autres cas, les pronoms précèdent le verbe : **me corto** *[mé corto], je me coupe*. Notez qu'on utilise souvent les verbes à la forme pronominale pour exprimer le *on* français (**se baila** *[sé baïla], on danse)* et que certains verbes, pronominaux en espagnol, ne le sont pas en français : **atreverse** *[atrébérsé], oser* ; **irse** *[irsé], partir* ; **parecerse** *[paréssérsé], ressembler à* ; **quedarse** *[kédarsé], rester* ; **caerse** *[caérsé], tomber*, et vice-versa : **desconfiar** *[déssconnfiar], se méfier* ; **descansar** *[désscannsar], se reposer*.

Les adverbes : la construction de l'adverbe se fait en ajoutant à l'adjectif au féminin une terminaison **-mente** : **clara + mente = claramente**.
Certains adverbes sont atypiques : **ayer** *[adjér], hier* ; **mañana** *[magnana], demain* ; **hoy** *[oï], aujourd'hui* ; **bien** *[biénn], bien* ; **mal** *[mal], mal* ; **muy**, *très* ; **poco** *[poco], peu* ; **aquí** *[aki], ici* ; **ahí** *[aï], là* ; **allí** *[adji], là-bas*.

Entraînement – Traduisez les phrases suivantes

1. Ici, on danse.
2. Il se repose.
3. Te cortas el pelo.

Solutions

1. Aquí se baila.
2. Él descansa.
3. Tu te fais couper les cheveux. (litt. "Tu te coupes les cheveux.")

14e jour

¡De fiesta!
On fait la fête !

1 **Clara me prepara algo.**

***cla**Ra mé pRé**pa**Ra **al**go*

clara me prépare quelque chose

Clara trame quelque chose.

2 **¡Una fiesta a todo meter, te lo digo yo!**

***ou**na fié**ss**ta a **to**do mé**téR** té lo **di**go djo*

une fête à tout mettre te le dis moi

Une sacrée fête, je te le dis, moi !

3 **¿¡Una sorpresa por mis cien años!?**

***ou**na soR**pRé**ssa poR miss si**énn** **a**gnoss*

une surprise pour mes cent ans

Une surprise pour mes cent ans !?

4 **¡Sí! Mañana debes ofrecerle un brindis a ella.**

*si ma**gna**na **dé**béss ofRé**sséR**lé ounn **bRinn**diss a **é**dja*

oui demain dois offrir-lui un toast à elle

Oui ! Demain tu devrais trinquer à sa santé.

Notes de grammaire

Les pronoms personnels complément d'objet direct (COD) : le pronom complément direct se trouve toujours collé au verbe : **me dices** *[mé **di**sséss]*, *tu me dis* ; **te digo**, *je te dis*. Voyez les pronoms personnels COD : **me**, *me* ; **te**, *te* ; **lo / la** *[lo/la]*, *le / la, vous* (m./f.) ; **nos** *[noss]*, *nous* ; **los / las** *[loss/lass]*, *vous* (m./f.) ; **los / las** *[loss/lass]*, *les* (m./f.).

Les pronoms personnels complément d'objet indirect (COI) : sans préposition, ils précèdent le complément d'objet direct → **te** (COI) **lo** (COD) **digo** *[té lo digo]*, *je te le dis*. Voici les pronoms personnels COI : **me**, *me* ; **te**, *te* ; **le** *[lé]*, *lui* (m./f.) / *vous* ; **nos**, *nous* ; **les** *[léss]*, *vous / leur* (m./f.).
Lorsque l'on veut mettre l'accent ou insister, on utilise le pronom COI avec la préposition **a** : **a mí** *[a mi]*, *à moi* ; **a ti** *[a ti]*, *à toi* ; **a él / a ella** *[a él / a édja]*, *à lui / à elle* ; **a usted** *[a ousstė]*, *à vous* ; **a nosotros/as** *[a nossotross/ass]*, *à nous* (m./f.) ; **a ustedes** *[a ousstédéss]*, *à vous* ; **a ellos / a ellas** *[a édjoss / a édjass]*, *à eux / à elles*. Voyez cet exemple : **Te lo digo a ti**, *C'est à toi que je le dis.*

Pour dire «cent» : on utilise **cien**, pour dire *cent* uniquement quand le compte est rond (100) et **ciento** à partir de *cent un*, **ciento uno**.

Entraînement – Traduisez les phrases suivantes

1. Vous lui préparez une surprise.
2. Elle me parle à moi.
3. Usted le da.
4. Lo oigo.

Solutions

1. Le prepara una sorpresa.
2. Me habla a mí.
3. Vous lui donnez.
4. Je l'entends.

15e jour

En avión
En avion

1 **Vamos a ir en avión a visitar Santa Clara.**
bamoss a iR énn abionn a bissitaR sannta claRa
allons à aller en avion à visiter santa clara
Nous partons en avion visiter Santa Clara.

2 **¿Cuándo van?**
couanndo bann
quand allez
Quand partez-vous ?

3 **Mañana reservamos los pasajes.**
magnana RRésséRbamoss loss passaHéss
demain réservons les passages
Nous réservons les billets demain.

4 **Todos querrán estar al lado de la ventanilla.**
todoss kéRRann ésstaR al lado dé la bénntanidja
tous voudront être au côté du hublot
Ils voudront tous être côté hublot.

5 **Haremos un sorteo...**
aRémoss ounn soRtéo
ferons un tirage au sort
On tirera au sort…

Notes de grammaire

Le futur s'exprime de plusieurs manières :

- par le biais du verbe **ir** *[iR]*, *aller*, au présent suivi de la préposition **a** et de l'infinitif du verbe indiquant l'action : **vamos a ir**, *nous allons partir* ;

- par le biais du présent du verbe en précisant le moment ou la date de l'action : **mañana reservamos los pasajes**, *nous réservons les billets demain* ;

- en conjugant les verbes au *futur simple* ou **futuro imperfecto**. Celui-ci se forme à partir de l'infinitif du verbe auquel on ajoute les terminaisons suivantes : **-é**, **-ás**, **-á**, **-emos**, **-án**. Certains verbes ont une formation irrégulière mais des terminaisons régulières. Voici quelques exemples à la 1re personne du singulier : **yo habré** *[djo abRé]* / **yo tendré** *[djo ténndRé]*, *j'aurai* ; **yo podré** *[djo podRé]*, *je pourrai* ; **yo vendré** *[djo bénndRé]*, *je viendrai* ; **yo querré** *[djo kéRRé]*, *je voudrai* ; **haremos un sorteo**, *nous tirerons au sort*.

Entraînement – Traduisez les phrases suivantes

1. Nous achèterons une voiture.
2. L'enfant nage demain.
3. Ella va a cantar.
4. Vamos a comer.

Solutions

1. Compraremos un carro.
2. El niño nada mañana.
3. Elle va chanter.
4. Nous allons manger.

16ᵉ jour

De liga
On drague

1 **Me miró con sus ojos verdes y me invitó a bailar.**
mé miRO conn souss oHoss béRdéss i mé ïnnbito a baïlaR
me regarda avec ses yeux verts et m'invita à danser
Il m'a regardé avec ses yeux verts et m'a invité à danser.

2 **¿Qué te dijo? ¿Qué bailaron?**
ké té diHo ké baïlaRonn
que te dit que dansèrent
Que t'a-t-il dit ? Qu'avez-vous dansé ?

3 **Una salsa y le pregunté si tenía preservativos.**
ounna salsa i lé pRégounnté si ténia pRésséRbatiboss
une salsa et lui demandai si avait préservatifs
Une salsa et je lui ai demandé s'il avait des préservatifs.

4 **¡¿Te atreviste?!**
té atRébissté
osas
Tu as osé !

5 **¡Sí... y me constestó que era gay!**
si i mé conntéssto ké éRa guéï
oui et me répondit que était gay
Oui... et il m'a répondu qu'il était gay !

Note de grammaire
Le passé : pour parler d'un événement passé, les Cubains recourent souvent au passé simple, une forme spéciale de passé

que le français tend à traduire par un passé composé. Au passé simple, les verbes ont le même radical qu'au présent et des terminaisons en **-é**, **-aste**, **-ó**, **-amos**, **-aron**, pour les verbes en **-ar** et en **-i**, **-iste**, **-ió**, **-imos**, **-ieron**, pour les verbes en **-ir** et **-er**.
Les verbes *être* et *avoir* ont une conjugaison irrégulière. Ainsi, **ser** et **estar** donnent : **fui / estuve** *[fouï / ésstoubé]*, *j'ai été* ; **fuiste / estuviste** *[fouïssté / ésstoubissté]*, *tu as été* ; **fue / estuvo** *[foué / ésstoubo]*, *il/elle a été, vous avez été* ; **fuimos / estuvimos** *[fouïmoss / ésstoubimoss]*, *nous avons été* ; **fueron / estuvieron** *[fouéRonn / ésstoubiéRonn]*, *vous avez été, ils/elles ont été.* Les verbes **haber** et **tener** ont les mêmes terminaisons que **estar** : **hube / tuve** *[oubé / toubé]*, *j'ai été*...
Notez enfin qu'au passé simple, le verbe **ir**, *aller*, se conjugue comme **ser**.

Entraînement – Traduisez les phrases suivantes

1. Elle a chanté.
2. Il m'a invité au cinéma.
3. Le dijiste.
4. Él fue.

Solutions

1. Ella cantó.
2. Él me invitó al cine.
3. Tu lui as dit.
4. Il est allé.

17e jour

Un poco de deporte
Un peu de sport

1 ¿Corrías todos los días con ella?
*coRRiass **to**doss loss **di**ass conn **é**dja*
courais tous les jours avec elle
Tu courais tous les jours avec elle ?

2 Sí, nos entrenábamos para las Olimpiadas.
*si noss énntRé**na**bamoss **pa**Ra lass olimmpi**a**dass*
oui nous entraînions pour les olympiades
Oui, nous nous entraînions pour les J.O.

3 ¿Nadabas también?
*na**da**bass tammbi**énn***
nageais aussi
Tu nageais aussi ?

4 Sí, desde niño y por casualidad.
*si **déss**dé **ni**gno i poR cassouli**da***
oui depuis enfant et par hasard
Oui, depuis l'enfance et [un peu] par hasard.

5 ¡Eras un verdadero atleta!
***é**Rass ounn bèRda**dé**Ro a**tlé**ta*
étais un vrai athlète
Tu étais un vrai athlète !

Notes de grammaire

L'imparfait : temps du passé, il a les mêmes valeurs qu'en français. Le radical de l'imparfait est celui du présent et sa conjugaison est simple : pour les verbes en **-ar**, les terminaisons sont **-aba**, **-abas**, **-aba**, **-ábamos**, **-aban** (**nadabas**, *tu nageais*). Pour les verbes en **-er** et **-ir** les terminaisons sont **-ía**, **-ías**, **-ía**, **-íamos**, **-ían** (**corrías**, *tu courais*). Notez que seuls **ser** (**era**, **eras**, **era**, **éramos**, **eran**), **ver** (**veía**, **veías**, ...) et **ir** (**iba**, **ibas**, **iba**, **íbamos**, **iban**) ont des conjugaisons irrégulières à l'imparfait.

Les prépositions : elles fonctionnent différemment dans chaque langue. Par exemple, **para** et **por** traduisent toutes les deux *pour* et parfois *par*. Une autre particularité concerne les prépositions **a** et **de**, qui, combinées avec l'article masculin singulier **el**, se contractent (comme en français) pour donner respectivement **al** (**a + el**), *au*, et **del** (**de + el**), *du*. Voici d'autres prépositions, souvent bien utiles : **a** *[a]*, *à* ; **con** *[conn]*, *avec* ; **antes** *[**ann**téss]*, *avant* ; **contra** *[**conn**tʀa]*, *contre* ; **de** *[dé]*, *de* ; **desde** *[**déss**dé]*, *depuis, dès* ; **en** *[énn]*, *en* ; **entre** *[**énn**tʀé]*, *entre* ; **hasta** *[**ass**ta]*, *jusqu'à* ; **para** *[**pa**ʀa]*, *pour* ; **por** *[poʀ]*, *pour, par* ; **junto a** *[**Hounn**to a]*, *près de* ; **sin** *[sinn]*, *sans*.

Entraînement – Traduisez les phrases suivantes

1. Il écrit sans s'arrêter.
2. Il s'entraînait.
3. Yo compraba flores para Eva.
4. El trabaja en el cine.

Solutions

1. Escribe sin parar.
2. Se entrenaba.
3. J'achetais des fleurs pour Eva.
4. Il travaille au cinéma.

18e jour

¡Auxilio!
Au secours !

1 **¡Ayúdeme!**

*a**djou**démé*

aidez-moi

Aidez-moi !

2 **¡Cállese! ¡Aquí no se puede gritar!**

ca**djéssé a**ki** no sé pou**é**dé gRi**taR

taisez-vous ici ne se peut crier

Taisez-vous ! Ici on ne peut pas crier !

3 **¡Dios mío! Voy a encender un cigarro.**

*di**oss mi**o **boï** a énnsénn**déR** ounn si**ga**RRo*

mon dieu vais à allumer une cigarette

Mon Dieu ! Je vais m'en griller une.

4 **¡Déme eso! ¡Se prohibe fumar!**

dé**mé **é**sso sé pRo**ï**bé fou**maR

donnez-moi ça s'interdit fumer

Donnez-moi ça ! Il est interdit de fumer !

5 **¡Aquí no se puede hacer nada!**

*a**ki** no sé pou**é**dé a**sséR** **na**da*

ici ne se peut faire rien

On ne peut rien faire ici !

Notes de grammaire

L'impératif : on n'utilise l'impératif qu'aux 2e et 3e personnes du singulier (**tú/usted**, tu/vous) et aux 1re et 2e personnes du pluriel (**nosotros/ustedes,** nous/vous) SANS pronom personnel sujet. Le radical est celui du présent. Pour les verbes en **-ar**, les terminaisons sont : **-a**, **-e**, **-emos** et **-en**. Pour les verbes en **-er** et **-ir**, les terminaisons sont : **-e**, **-a**, **-amos** et **-an**. Quelques impératifs sont irréguliers au singulier pour *tu* et *vous* (formel) : **¡Di! ¡Diga!** *[di/**di**ga], Dis ! Dites !* ; **¡Da! ¡Dé!** *[da/dé], Donne ! Donnez !* ; **¡Oye! ¡Oiga!** *[odjé/**o**ïga], Écoute ! Écoutez !* ; **¡Sal! ¡Salga!** *[sal/**sal**ga], Sors ! Sortez !* ; **¡Ten! ¡Tenga!** *[ténn/**ténn**ga], Tiens ! Tenez !* ; **¡Ve! ¡Vaya!** *[bé/**ba**dja], Va ! Allez !* ; **¡Ven! ¡Venga!** *[bénn/**bénn**ga], Viens ! Venez !* ; **!Ve! ¡Vea!** *[bé/**bé**a], Vois ! Voyez !*

L'infinitif : il est souvent utilisé comme complément pour former le futur proche (**voy a llamar** *[**boï** a dja**maR**], je vais appeler*) ou dans des phrases portant une interdiction (**no se puede gritar** *[no sé pou**é**dé gRi**taR**]* ou **se prohibe fumar** *[sé pRoïbé fou**maR**]*). Vous noterez une particularité : en espagnol, on n'utilise pas *de* entre le verbe conjugué et le verbe infinitif complément lorsqu'il s'agit d'un verbe avec **se** (**Se prohibe fumar**) ou avec un participe (**Prohibido fumar**, *Interdit de fumer*).

Entraînement – Traduisez les phrases suivantes

1. Tenez !
2. Interdit de crier.
3. Se prohibe fumar.
4. Voy a cantar.

Solutions

1. ¡Tenga!
2. Prohibido gritar.
3. Interdiction de fumer.
4. Je vais chanter.

19e jour

En el trabajo
Au travail

1 **Usted podría ver al director a las tres de la tarde.**

oussté podRia béR al diRéctoR a lass tRéss dé la taRdé

vous pourriez voir au directeur à les trois de l'après-midi

Vous pourriez rencontrer le directeur à 15 heures.

2 **Me gustaría pero no es posible.**

mé gousstaRia péRo no éss possiblé

me plairais mais n'est possible

J'aimerais bien mais ce n'est pas possible.

3 **¿Por qué?**

poR ké

pour quoi

Pourquoi ?

4 **Porque tengo mi curso de reguetón.**

poRké ténngo mi couRso dé RRéguétonn

parce-que ai mon cours de reggaeton

Parce que j'ai mon cours de reggaeton.

5 **¡Sin embargo, el trabajo debería ser primero!**

sinn émmbaRgo él tRabaHo débéRia seR pRiméRo

cependant le travail devrait être premier

Le travail devrait cependant passer avant !

Notes de grammaire

Le conditionnel : on l'utilise pour exprimer un souhait, donner des conseils ou faire des suggestions. On part de l'infinitif du verbe et l'on ajoute les terminaisons suivantes : **-ía**, **-ías**, **-ía**, **-íamos**, **-ían**. Les verbes irréguliers au futur le sont également au conditionnel : **yo habría** ou **yo tendría**, *j'aurais* ; **yo podría**, *je pourrais* ; **yo vendría**, *je viendrais* ; **yo querría**, *je voudrais*.

Les conjonctions : retenez qu'il y a une multiplicité de conjonctions. Selon la manière dont elles sont utilisées, elles prennent différents sens. **Si** peut introduire une condition ou une hypothèse et la conjonction **que** peut être utilisée dans le sens de *quoi* mais aussi dans les phrases comparatives. Voici d'autres conjonctions : **y** *[i]*, *et* ; **sin embargo**, *cependant* ; **como** *[**co**mo]*, *comme*, *que* ; **pero**, *mais* ; **o** *[o]*, *ou* ; **porque**, *parce que* ; **cuando** *[cou**ann**do]*, *quand* ; **que** *[ké]*, *que*, *qui* ; **aunque** *[**a**ounnké]*, *quoique*, *bien que* ; **sino** *[**si**no]*, *sauf*, *mais*.

Entraînement – Traduisez les phrases suivantes

1. C'est lui ou moi !
2. Tu devrais travailler.
3. Él debería ayudar a su madre.

Solutions

1. ¡Es él o yo!
2. Deberías trabajar.
3. Il devrait aider sa mère.

20e jour

¡Una excursión!
Une excursion !

1 **¿Quisieras organizar esta vez la excursión?**
kissiéRass oRganissaR éssta béss la éscouRsionn
veuilles organiser cette fois la excursion
Voudrais-tu organiser l'excursion cette fois-ci ?

2 **¡Sí! ¿A dónde quisieras ir?**
si a donndé kissiéRass iR
oui à où veuilles aller
Oui ! Où voudrais-tu te rendre ?

3 **A la Ciénaga de Zapatas para ver los caimanes.**
a la siénaga dé sapatass paRa béR loss caïmanéss
à le marais de Zapatas pour voir les caïmans
Dans le marais de Zapatas pour voir les caïmans.

4 **¿Pudiéramos pensarlo un poco?**
poudiéRamoss pénnsaRlo ounn poco
puissions penser-le un peu
Pourrait-on y réfléchir un peu ?

Notes de grammaire

Le subjonctif à valeur de conditionnel : les Cubains utilisent le subjonctif imparfait à la place du conditionnel lorsqu'ils formulent poliment une requête. Dans ce type de phrases, on traduit le subjonctif espagnol par un conditionnel français. Voici le subjonctif imparfait des verbes *vouloir* et *pouvoir* (avec la traduction française au conditionnel) :

- **querer**, *vouloir* : **quisiera** *[kissiéRa], j'aimerais* ; **quisieras** *[kissiéRass], tu aimerais* ; **quisiera** *[kissiéRa], il/elle aimerait, vous aimeriez* ; **quisiéramos** *[kissiéRamoss], nous aimerions* ; **quisieran** *[kissiéRann], vous aimeriez, ils/elles aimeraient* ;
- **poder**, *pouvoir* : **pudiera** *[poudiéRa], je pourrais* ; **pudieras** *[poudiéRass], tu pourrais* ; **pudiera** *[poudiéRa], il/elle pourrait, vous pourriez* ; **pudiéramos** *[poudiéRamoss], nous pourrions* ; **pudieran** *[poudiéRann], vous pourriez, ils/elles pourraient.*

Le subjonctif imparfait en lieu et place de l'imparfait : notez qu'en espagnol, on utilise parfois le subjonctif là où le français use d'un imparfait, notamment dans phrases exprimant la condition : **Yo no vendría si ella estuviera en casa** *[djo no bénndRia si édja ésstoubiéRa énn cassa], Je ne viendrais pas si elle était à la maison.*

Entraînement – Traduisez les phrases suivantes

1. Nous voudrions voir les caïmans.
2. Voudrais-tu m'aider ?
3. Si pudiera te lo daría.

Solutions

1. Quisiéramos ver los caimanes.
2. ¿Quisieras ayudarme?
3. Si je pouvais, je te le donnerais.

21e jour

¡Hasta la vista!
À bientôt !

1 **Espero que nos veamos pronto.**

*éss**pé**RO ké noss bé**a**moss **PRonn**to*

espère que nous voyions bientôt

J'espère que nous nous verrons bientôt.

2 **Quizás venga el verano próximo.**

*ki**ssass bénn**ga él bé**Ra**no **PRO**ksimo*

peut-être vienne l'été prochain

Je viendrai peut-être l'été prochain.

3 **A lo mejor vaya yo antes a verte.**

*a lo mé**HoR ba**dja djo **ann**téss a **bé**Rté*

à le mieux aille moi avant à voir-te

Si ça se trouve, je viendrai te voir avant.

4 **Posiblemente te llame antes que tú vengas.**

*possiblé**ménn**té té **dja**mé **ann**téss ké tou **bénn**gass*

probablement t'appelle avant que tu viennes

Je t'appellerai probablement avant que tu ne viennes.

5 **¡Ojalá sea así, hombre!**

*oHa**la séa** a**ssi omm**bRé*

veuille dieu soit ainsi homme

Plaise à Dieu qu'il [en] soit ainsi, mon vieux !

Notes de grammaire

Les autres valeurs du subjonctif : l'espagnol a une utilisation toute particulière du subjonctif à la place du futur après **pensar**

que *[pénnsar ké]*, *penser que* ; **esperar que** *[ésspérar ké]*, *espérer que*. Il en est de même après **quizás** *[kissass]* / **a lo mejor** *[a lo méHor]*, *peut-être*, ou après les adverbes en **-mente** indiquant la possibilité ou la certitude comme **posiblemente** *[possiblémé-nnté]*, *probablement*, ou **seguramente** *[ségouramennté]*, *sûrement*. Pour exprimer un désir ou un souhait on utilise le subjonctif après un verbe au présent + **que** : **desear que** *[déséar ké]*, *désirer/souhaiter que* ; **querer que** *[kérér ké]*, *vouloir que*, ainsi qu'après l'interjection **ojalá** et les formules **antes que**, *avant que*, et, dans un contexte futur, **después que** *[désspouéss ké]*, *après que*.

Formation du subjonctif : le radical des verbes réguliers est celui de la 1re personne du singulier du présent. Les terminaisons des verbes en **-ar** sont **-e**, **-es**, **-e**, **-emos**, **-en** ; celles des verbes en **-er** et **-ir** : **-a**, **-as**, **-a**, **-amos**, **-an**. Certains verbes sont irréguliers à la 1re personne du singulier : **vaya** *[badja]*, *que j'aille* ; **tenga** *[ténnga]*, *que je tienne* ; **diga** *[diga]*, *que je dise* ; **sea** *[séa]* / **esté** *[éssté]*, *que je sois* ; **oiga** *[oïga]*, *que j'écoute*.

Entraînement – Traduisez les phrases suivantes

1. J'espère que tout ira bien.
2. **Seguramente te espere.**
3. **Deseo que vengan.**

Solutions

1. **Espero que todo vaya bien.**
2. Je t'attendrai sûrement.
3. Je souhaite que vous veniez.

Conversation

Premiers contacts

À Cuba, de nos jours, la tendance est plutôt au tutoiement. Vous verrez que très vite, on vous appellera par votre prénom. Cependant, par courtoisie et par respect, nous vous conseillons de vouvoyer les personnes plus âgées que vous – à moins qu'elles-mêmes ne vous prient de les tutoyer...

Salutations

Bonjour ! *(6h00–12h00)*	**¡Buenos días!**	*bou**é**noss **di**ass*
Bonjour ! *(12h00–18h00)*	**¡Buenas tardes!**	*bou**é**nass **taR**déss*
Bonsoir ! / Bonne nuit !	**¡Buenas noches!**	*bou**é**nass **no**tchéss*
Salut !	**¡Hola! / ¡Buenas!**	***o**la / bou**é**nass*

Si vous vous adressez à un(e) ami(e) ou à une personne proche, vous pourrez choisir **hola** ou **buenas** qui, comme *salut* en français, sont des formules très répandues et plus familières.

Madame / Mesdames	**Señora / Señoras**	*sé**gno**Ra / sé**gno**Rass*
Monsieur / Messieurs	**Señor / Señores**	*sé**gno**R / sé**gno**Réss*
Mademoiselle / Mesdemoiselles	**Señorita / Señoritas**	*ségnoR**i**ta / ségnoR**i**tass*

Souhaits

Bienvenue !	**¡Bienvenido(s)/a(s)!**	*biénnbé**ni**do(ss)/a(ss)*
Bon anniversaire !	**¡Feliz cumpleaños!**	*fé**liss** coummpléa**gn**oss*

Bon appétit ! (tutoiement)	**¡Qué te aproveche!**	*ké té apRo**bé**tché*
Bon appétit ! (vouvoiement)	**¡Qué le aproveche!**	*ké lé apRo**bé**tché*
Bonne année !	**¡Feliz Año Nuevo!**	*fé**liss** **a**gno nou**é**bo*
Bonne chance !	**¡Buena/Mucha suerte!**	*bou**é**na/**mou**tcha sou**é**Rté*
Bon voyage !	**¡Buen viaje!**	*bou**énn** bi**a**Hé*
Joyeux Noël !	**¡Feliz Navidad!**	*fé**liss** nabi**da***

Prendre congé

À bientôt !	**¡Hasta luego!**	***ass**ta lou**é**go*
À demain !	**¡Hasta mañana!**	***ass**ta ma**gna**na*
À la prochaine !	**¡Hasta la próxima!**	***ass**ta la **pRok**sima*
À la revoyure !	**¡Nos vemos!**	*noss **bé**moss*
À plus tard !	**¡Hasta más tarde!**	***ass**ta mass **taR**dé*
Au revoir !	**¡Hasta luego! ¡Adiós!**	***ass**ta lou**é**go adi**oss***
Bonne continuation ! (tutoiement)	**¡Qué te vaya bien!**	*ké té **ba**dja bi**énn***
Bonne continuation ! (vouvoiement)	**¡Qué le vaya bien!**	*ké lé **ba**dja bi**énn***
Ciao !	**¡Chao!**	***tcha**o*
Prenez bien soin de vous !	**¡Cuídese bastante!**	*cou**i**déssé bass**tann**té*

Vous le voyez, il existe plusieurs façons de prendre congé mais **¡Chao!** et **¡Nos vemos!** ne s'emploient qu'entre ami(e)s.

Accord, désaccord

Absolument !	**¡Positivo!**	*possi**ti**bo*
Bien sûr !	**¡Claro!**	***cla**Ro*
Bonne idée !	**¡Buena idea!**	*bou**é**na i**dé**a*
Cela ne me plaît pas.	**No me agrada.**	*no mé a**gRa**da*

Ce n'est pas comme ça.	**No es así.**	no éss a**ssi**
D'accord.	**De acuerdo.**	dé acou**éR**do
Exactement.	**Exactamente.**	ek**sac**taménnté
Je n'aime pas.	**No me gusta.**	no mé **gouss**ta
Je n'en veux pas !	**¡No lo quiero!**	no lo ki**é**Ro
Non.	**No.**	no
Oui, avec plaisir !	**¡Sí, con mucho gusto!**	si conn **mou**tcho **gouss**to
Oui. / OK.	**Sí. / Okay.**	si/o**ké**ï
Pas du tout ! / Pas question !	**¡De ninguna manera!**	dé ninn**gou**na ma**né**Ra
Peut-être.	**A lo mejor.**	a lo mé**HoR**
Tu as/Vous avez raison.	**Tienes/Tiene razón.**	ti**é**néss/ti**é**né RRa**ssonn**

Questions, réponses

Combien ?	**¿Cuánto?**	cou**ann**to
Combien de temps ?	**¿Cuánto tiempo?**	cou**ann**to ti**émm**po
Comment ?	**¿Cómo?**	**co**mo
De rien.	**De nada. / Por nada.**	dé **na**da / poR **na**da
Excuse-moi ! Excusez-moi !	**¡Disculpa! ¡Disculpe!**	diss**coul**pa diss**coul**pé
Je suis désolé(e) !	**¡Lo siento!**	lo si**énn**to
Merci (beaucoup).	**(Muchas) Gracias.**	(**mou**tchass) **gRa**ssiass
Où ?	**¿Dónde?**	**donn**dé
Pardon !	**¡Perdón!**	péR**donn**
Pourquoi ?	**¿Por qué?**	poR **ké**
Pour quoi faire ?	**¿Para qué?**	**pa**Ra **ké**
Quand ?	**¿Cuándo?**	cou**ann**do
Qui ?	**¿Quién?**	ki**énn**

Langues et compréhension

Parlez-vous…	**¿Habla…**	*abla*
allemand ?	**alemán?**	*alé**mann***
anglais ?	**inglés?**	*inn**gléss***
espagnol ?	**español?**	*ésspa**gnol***
français ?	**francés?**	*fRann**séss***
italien ?	**italiano?**	*italiano*

Vous le constatez, le pronom personnel n'est pas exprimé devant le verbe. Pour autant, cela ne confère aucune ambiguïté aux phrases ci-après.

Je ne comprends pas.
No comprendo.
*no comm**pRénn**do*

Pouvez-vous répéter ?
¿Puede repetir?
*pou**é**dé RRépé**tiR***

Pouvez-vous parler plus lentement ?
¿Puede hablar más lentamente?
*pou**é**dé a**blaR** mass lénnta**ménn**té*

Qu'est-ce que cela veut dire ?
¿Qué significa?
*ké siggni**fi**ca*

Rencontre et présentation

Se rencontrer

Puisque vous avez décidé de sortir de vos frontières francophones, voici quelques mots et phrases qui vous permettront d'ébaucher un début de conversation.

Ça gaze ?	**¿Qué bolá?***	*ké **bola***
Comment allez-vous ?	**¿Cómo está?** **¿Cómo le va?** **¿Cómo está usted?**	***co**mo éss**ta*** ***co**mo lé ba* ***co**mo éss**ta** ouss**té***
Comment ça va ?	**¿Qué tal?**	*ké **tal***
Comment vas-tu ?	**¿Cómo estás?** **¿Cómo te va?**	***co**mo éss**tass*** ***co**mo té ba*
Quoi de neuf ?	**¿Qué me cuentas?**	*ké mé cou**énn**tass*

* Notez que l'expression **¿Qué bolá?** est une expression très familière surtout employée par les jeunes.

Ça va à peu près.	**Más o menos.**	*mass o **mé**noss*
Couci-couça.	**Regular.**	*RRégou**laR***
On fait aller.	**Ahí vamos.**	*aï **ba**moss*
Très bien ! / Très mal !	**¡Muy bien! / ¡Muy mal!**	***mou**ï bi**énn** / **mou**ï mal*

Bonjour ! Comment allez-vous/vas-tu ?
¡Buenos días! ¿Cómo está/estás?
*bou**é**noss **di**ass **co**mo éss**ta**/éss**tass***

On fait aller, merci. Et vous/toi ?
Ahí vamos, gracias. ¿Y usted/tú?
*aï **ba**moss **gRa**ssiass ï ouss**té**/tou*
là-bas allons merci et vous/tu

Très bien, merci.
Muy bien, gracias.
***mou**ï bi**énn** **gRa**ssiass*

Se présenter ou présenter quelqu'un

Les Cubains ont gardé de leur héritage espagnol deux noms de famille et portent généralement deux prénoms. Le premier nom de famille correspond au premier nom de famille du père et le second est le premier nom de famille de la mère. On fait précéder le nom de famille de **Señor** (*Monsieur*) quand on s'adresse aux hommes et de **Señora** (*Madame*) quand on s'adresse aux femmes. Notez que certains Cubains utilisent encore le vocable *camarade* (**compañero/a**).

Comment vous appelez-vous ? / Comment t'appelles-tu ?
¿Cómo se llama usted? / ¿Cómo te llamas?
__co__mo sé __dja__ma ouss__té__ / __co__mo té __dja__mass

Je m'appelle… / Il/Elle s'appelle…
Me llamo… / Se llama…
mé __dja__mo / sé __dja__ma

Quel est ton/votre nom de famille ?
¿Cuál es tu/su apellido?
cou__al__ éss tou/sou apé__dji__do

Mon/Son/Votre nom est…
Mi/Su apellido es…
mi/sou apé__dji__do éss

Enchanté(e) !
¡Encantado! / ¡Encantada!
énncann__ta__do / énncann__ta__da

Moi de même.
Igualmente.
igoual__ménn__té

Ravi(e) de faire ta/votre connaissance !
¡Mucho gusto en conocerte/conocerle!
__mou__tcho __gouss__to énn cono__sséR__té/conno__sséR__lé

J'aimerais te/vous présenter…	**Quisiera presentarte/ presentarle…**	*kissi__éR__a pRésséénn__taR__té/ pRésséénn__taR__lé*
Je suis venu(e) avec…	**He venido con…**	*é bé__ni__do conn*
mon épouse. / ma femme.	**mi esposa/ mujer.**	*mi éss__po__ssa/ mou__HéR__*
mon époux/mari.	**mi esposo/marido.**	*mi éss__po__sso/ma__Ri__do*
ma fiancée. / mon fiancé.	**mi novia. / mi novio.**	*mi __no__bia / mi __no__bio*
ma fille. / mon fils.	**mi hija. / mi hijo.**	*mi __i__Ha / mi __i__Ho*

mon amie. / mon ami.	**mi amiga. / mi amigo.**	*mi **ami**ga / mi **ami**go*
ma sœur. / mon frère.	**mi hermana. / mi hermano.**	*mi éR**ma**na / mi éR**ma**no*
mes parents.	**mis padres.**	*miss **pa**dRéss*
mes parents. (au sens large)	**mis parientes/ familiares.**	*miss paRi**énn**téss/ famili**a**Réss*

Dire d'où l'on vient

D'où es-tu ?
¿De qué país eres?
*dé ké pa**ïss** **é**Réss*

Je viens de France.
Soy de Francia.
***soï** dé **fRann**sia*

D'où êtes-vous (pluriel) *?*
¿De qué país son ustedes?
*dé ké pa**ïss** sonn ouss**té**déss*

Nous venons de France.
Somos de Francia.
***so**moss dé **fRann**sia*

Il/Elle vient de Suisse/Belgique/Canada/Luxembourg.
Él/Ella es de Suiza/Bélgica/Canadá/Luxemburgo.
*él/**é**dja éss dé sou**i**ssa/**bél**Hica/cana**da**/loucsémm**bouR**go*

Algérie	**Argelia**	*aR**Hé**lia*
Europe	**Europa**	*éou**Ro**pa*
Maroc	**Marruecos**	*maRRou**é**coss*
Sénégal	**Senegal**	*séné**gal***
Tunisie	**Túnez**	***tou**néss*

Parler de son âge

Vous pouvez vous reporter aux chiffres présents dans le 1er rabat de ce guide afin de donner votre âge avec précision. Les termes qui suivent vous fournissent plus de matière pour faire la conversation à ce sujet !

Les âges de la vie

enfance	**infancia**	inn**fann**sia
jeunesse	**juventud**	Houbénn**tou**
adolescence	**adolescencia**	adolé**sséenn**sia
âge adulte	**edad adulta**	é**da** a**doul**ta
vieillesse	**vejez**	bé**Héss**

Donner son âge

Quel âge as-tu/avez-vous ?
¿Qué edad tienes/tiene?
ké é**da** ti**é**néss/ti**é**né

J'ai trente ans.
Tengo treinta años.
ténngo **tRé**ïnnta **a**gnoss

Quel âge a-t-il/elle ?
¿Qué edad tiene él/ella?
ké é**da** ti**é**né él/**é**dja

Je suis... / Il/Elle est...	**Soy... / Él/Ella es...**	**soï** / él/**é**dja éss
d'âge moyen.	**maduro/a.**	ma**dou**Ro/a
âgé(e).	**viejo/a.**	bi**é**Ho/a
mineur(e).	**menor de edad.**	mé**noR** dé é**da**

La famille

Une fois la glace brisée, vous serez sans doute amené à évoquer votre situation familiale et votre famille. Notez que, pour donner votre statut, vous pouvez également utiliser la forme **estar** du verbe *être*, sauf pour *veuf/veuve*.

Je suis...	**Soy...**	**soï**
célibataire.	**soltero/a.**	sol**té**Ro/a

divorcé(e).	**divorciado/a.**	diboRsi**a**do/a
fiancé(e).	**comprometido/a.**	commpRomé**ti**do/a
marié(e).	**casado/a.**	ca**ssa**do/a
veuf/veuve.	**viudo/a.**	bi**ou**do/a

J'ai... / Nous avons...	**Tengo... / Tenemos...**	**ténn**go / té**né**moss
deux enfants.	**dos niños.**	doss **ni**gnoss
deux garçons.	**dos varones.**	doss baR**o**néss
deux filles.	**dos hembras.**	doss **émm**bRass

Quelques termes supplémentaires pour parler de la famille :

beau-père / belle-mère	**suegro/a**	sou**é**gRo/a
beaux-parents	**suegros**	sou**é**gRoss
cousin(e)	**primo/a**	**pRi**mo/a
grand-mère / grand-père	**abuela/o**	abou**é**la/o
mère / père	**madre / padre**	**ma**dRé / **pa**dRé
neveu / nièce	**sobrino/a**	so**bRi**no/a
oncle / tante	**tío/a**	**ti**o/a
petite-fille / petit-fils	**nieta/o**	ni**é**ta/o

Emploi, occupation, études

Les études

Le système éducatif cubain est une fierté nationale. Dès leur plus jeune âge, les enfants sont pris en charge par le **círculo infantíl** *[**siR**coulo innfann**til**]*, la *maternelle,* puis vient le moment du **pré escolar** *[pRé ésscol**aR**]*, le *cours préparatoire*, la **primaria** *[pRi**ma**Ria]*, l'*école primaire*, et la **secundaria básica** *[sécounn**da**Ria **ba**ssica]*, le *collège*. À l'adolescence, ils choisissent entre le **preuniversitario** *[préounibérsitario]*, le *lycée* (dont la suite logique est **la universidad** *[ounibérsida]*, *l'université)* et l'**Educación técnica profesional** *[édoucassionn técnica proféssional]*, le *lycée technique.*

Je suis au lycée.
Estoy haciendo el preuniversitario.
ésstoï assiénndo él préounibérsitario

Je suis à la fac.
Estoy en la universidad.
ésstoï énn la ounibérsida

Le travail

Au cours d'une conversation, il n'est pas rare de parler boulot ; d'avoir à évoquer sa profession et/ou de s'enquérir de celle de ses interlocuteurs :

Quelle est votre profession ?
¿Cuál profesión tiene usted?
coual proféssionn tiéné ousté

Dans quel domaine travailles-tu ?
¿En qué trabajas?
énn ké trabaHass

✓ Arts, musées et spectacles

Je suis... / Il/Elle est...	**Soy... / Él/Ella es...**	*soï / él/édja éss*
acteur/actrice.	**artista.**	*artissta*
artiste peintre.	**pintor/a.**	*pinntor/pinntora*
chanteur/chanteuse.	**cantante.**	*canntannté*

danseur/danseuse.	**bailarín/bailarina.**	*baïla**Rinn**/baïla**Ri**na*
écrivain.	**escritor/a.**	*éssc**Rito**R/éssc**Rito**Ra*
guide.	**guía.**	***gui**a*

✓ Enseignement et recherche

Je suis… / Il/Elle est…	**Soy… / Él/Ella es…**	***soï** / él/**é**dja éss*
chercheur/chercheuse.	**investigador/a.**	*innbésstiga**doR**/**do**Ra*
étudiant(e).	**estudiante.**	*ésstoudi**ann**té*
professeur.	**profesor/profesora.* *	*pRofé**sso**R/**sso**Ra*

✓ Métiers médicaux

Je suis… / Il/Elle est…	**Soy… / Él/Ella es…**	***soï** / él/**é**dja éss*
chirurgien.	**cirujano.**	*siRou**Ha**no*
dentiste.	**dentista.**	*dénn**tiss**ta*
infirmier/infirmière.	**enfermero/a.**	*énnféR**mé**Ro/a*
médecin.	**médico.**	***mé**dico*

✓ Métiers agricoles, industriels et manuels

Je suis… / Il/Elle est…	**Soy… / Él/Ella es…**	***soï** / él/**é**dja éss*
agriculteur/trice.	**agricultor/a.**	*agRicoul**to**R/**to**Ra*
artisan.	**artesano.**	*aRté**ssa**no*
garagiste.	**garajista.**	*gaRa**Hiss**ta*
ouvrier/ouvrière.	**obrero/a.**	*o**bRé**Ro/a*
technicien.	**técnico.**	***téc**nico*

✓ Métiers de services et professions libérales

Je suis… / Il/Elle est…	**Soy… / Él/Ella es…**	***soï** / él/**é**dja éss*
avocat(e)/juriste.	**abogado/a.**	*abo**ga**do/a*
banquier/banquière.	**banquero/a.**	*bann**ké**Ro/a*

commerçant(e).	**comerciante.**	*comé*R*si**ann**té*
employé(e).	**empleado/a.**	*émmplé**a**do/a*
fonctionnaire.	**funcionario/a.**	*founnsio**na**R**io/a*
journaliste.	**periodista.**	*péR**iodi**ss**ta*
policier/policière.	**policía.**	*poli**ssi**a*
secrétaire.	**secretaria.**	*sécRé**ta**R**ia*
traducteur/traductrice.	**traductor/a.**	*tRadouc**to**R/**to**Ra*

✓ Autres métiers et occupations

Je suis... / Il/Elle est...	**Soy... / Él/Ella es...**	***soï** / él/**é**dja éss*
chauffeur de bus/ taxi.	**chofer de guagua/ taxi.**	*tcho**fé**R dé gou**a**goua/ **ta**csi*
chômeur/chômeuse.	**desempleado/a.**	*désséммplé**a**do/a*
femme au foyer.	**ama de casa.**	***a**ma dé **ca**ssa*
retraité(e).	**retirado/a.**	*RRéti**R**ado/a*
vendeur/vendeuse.	**vendedor/a.**	*bénndé**do**R/**do**Ra*

Religion, traditions

Les Cubains sont essentiellement catholiques ou athées. La pratique plus ou moins marquée de la **Santería** *[sanntéR**i**a]* (religion issue des esclaves africains) subsiste. Les divinités africaines telles **Changó** *[tchann**go**]*, **Yemayá** *[djéma**dja**]*, **Ochún** *[O**tchounn**]*, sont ainsi invoquées par les Cubains lors des **toques de santo** *[**to**késs dé **sann**to]*, cérémonies rythmées de musique durant lesquelles des adeptes, en transe, entrent en contact avec une divinité.

Je suis...	**Soy...**	***soï***
agnostique.	**agnóstico/a.**	*ag**gnoss**tico/a*
athée.	**ateo/a.**	*a**té**o/a*
bouddhiste.	**budista.**	*bou**diss**ta*

catholique.	**católico/a.**	*ca**to**lico/a*
chrétien(ne).	**cristiano/a.**	*cRissti**a**no/a*
hindouiste.	**hinduista.**	*ïnndou**ïss**ta*
juif/juive.	**judío/a.**	*Hou**di**o/a*
musulman(e).	**musulmán/ musulmana.**	*moussoul**mann**/ moussoul**ma**na*
orthodoxe.	**ortodoxo/a.**	*oRto**dok**so/a*
protestant(e).	**protestante.**	*pRotéss**tann**té*
sans religion.	**sin religión.**	*sinn RRéliHi**onn***

Le temps qu'il fait

À Cuba, les étés sont chauds et humides. Le thermomètre atteint facilement les 30 °C avec un taux d'humidité assez élevé. En hiver, la température peut descendre en dessous de 20 °C, ce qui, pour les Cubains, est très froid ! Les mois les plus pluvieux sont septembre et octobre, souvent témoins de cyclones et de tempêtes tropicales.

Qu'est-ce qu'il fait chaud aujourd'hui !
¡Qué calor hace hoy!
*ké ca**loR** **a**ssé **o**ï*

Il fait plus de trente degrés !
¡Hace más de treinta grados!
***a**ssé mass dé **tRé**ïnnta **gRa**doss*

Il y a beaucoup de vent.
Hace mucho viento.
***a**ssé **mou**tcho bi**énn**to*
fait beaucoup vent

Va-t-il pleuvoir toute la journée ?
¿Va a llover todo el día?
*ba a djo**béR** **to**do él **di**a*

Si vous peinez à trouver un sujet de conversation, ces quelques termes relatifs à la météo pourraient bien vous rendre service !

la chaleur	**el calor**	*él ca**loR***
le cyclone	**el ciclón**	*él si**clonn***
l'éclair	**el rayo**	*él **RRa**djo*
le froid	**el frío**	*él **fRi**o*
le nuage	**la nube**	*la **nou**bé*
la pluie	**la lluvia**	*la **djou**bia*
le soleil	**el sol**	*él sol*
la tempête	**la tempestad**	*la témmpéss**ta***
le tonnerre	**el trueno**	*él tRou**é**no*
le vent	**el viento**	*él bi**én**to*

C'est une journée ensoleillée/nuageuse/pluvieuse.
Es un día soleado/nublado/lluvioso.
*éss ounn **di**a solé**a**do/nou**bla**do/djoubi**o**sso*

Sentiments et opinions

Au cours de la conversation, si votre verve se réveille et que vous souhaitez exprimer clairement votre opinion, voici quelques débuts de phrases vous permettant d'introduire votre pensée ou de montrer votre totale indifférence...

Il me semble que...	**Me parece que...**	*mé paR**é**ssé ké*
J'ai peur de...	**Tengo miedo de...**	***ténn**go mi**é**do dé*
Je crains que...	**Temo que...**	***té**mo ké*

Je (ne) crois (pas) que…	**(No) creo que…**	*(no) cR**é**o ké*
J'estime que…	**Estimo que…**	*éss**ti**mo ké*
Je (ne) pense (pas) que…	**(No) pienso que…**	*(no) pi**énn**so ké*
Je suggère que…	**Sugiero que…**	*souHi**é**RO ké*

Cela m'est égal.	**Me da igual/lo mismo.**	*mé da igou**al**/lo **miss**mo*
Je m'en fiche.	**Me importa un pepino.**	*mé imm**poR**ta ounn pé**pi**no*
Je m'en moque.	**No me importa.**	*no mé imm**poR**ta*

Finalement, vous pourrez piocher dans la liste suivante pour étoffer votre propos…

C'est…	**¡Es…**	*éss*
affreux !	**horroroso!**	*oRRo**Ro**sso*
étonnant !	**asombroso!** **sorprendente!**	*assomm**bRo**sso* *soRpRénn**dénn**té*
étrange !	**extraño!**	*éks**tRa**gno*
idiot !	**estúpido!**	*éss**tou**pido*
intéressant !	**interesante!**	*inntéRé**ssann**té*
magnifique !	**magnífico!**	*magg**ni**fico*
sinistre !	**siniestro!**	*sini**éss**tRO*
splendide !	**espléndido!**	*éss**plénn**dido*
terrifiant !	**terrorífico!**	*téRRo**Ri**fico*

(Que) C'est beau !	**¡Qué lindo!**	*ké **linn**do*
(Que) C'est laid !	**¡Qué feo!**	*ké **féo***
C'est vraiment bien !	**¡Qué bueno!**	*ké bou**é**no*
C'est vraiment bon !	**¡Qué rico!**	*ké **RRi**co*
Génial ! / Super !	**¡Buenísimo!**	*boué**ni**ssimo*
J'adore !	**¡Me encanta!**	*mé énn**cann**ta*

Invitation, visite

Les Cubains ont un grand sens de l'hospitalité malgré le régime communiste qui veille généralement à éviter les contacts entre la population et les étrangers. Peut-être aurez-vous donc l'occasion d'être invité chez l'habitant...

Nous aimerions vous inviter à déjeuner/dîner.
Quisiéramos invitarlo (M)/**invitarla** (F) **a almorzar/comer.**
kissiéRamoss innbitaRlo/innbitaRla a almoRssaR/comér

Entrez ! Faites comme chez vous !
¡Pase! ¡Mi casa es su casa!
passé mi cassa éss sou cassa

Servez-vous, s'il vous plaît.
Sírvase, por favor.
siRbassé poR faboR

Dans ce cas, vous pourrez recourir aux expressions suivantes :

J'accepte volontiers l'invitation.
Acepto con mucho gusto la invitación.
asséptо conn moutcho goussto la innbitassionn

J'aimerais bien, mais demain je ne suis pas disponible.
Me gustaría, pero mañana no estoy libre.
mé gousstaRia péRo magnana no ésstoï libRé

Merci. C'est très bon.
Gracias. Está muy rico.
gRassiass éssta mouï RRico

Non merci, mais tout est vraiment très bon.
No, gracias, pero todo está muy rico.
no gRassiass péRo todo éssta mouï RRico

Nous avons passé une très bonne après-midi/soirée.
Hemos pasado una magnifica tarde/noche.
émoss passado ouna maggnifica taRdé/notché

Fixer ou accepter un rendez-vous

Peut-on se retrouver quelque part demain ?
¿Podemos vernos mañana en algún lugar?
podémoss béRnoss magnana énn algounn lougaR

Vous voilà arrivé au rendez-vous...

C'est la première fois que tu viens/vous venez ?
¿Es la primera vez que vienes/viene?
éss la pRiméRa béss ké biénéss/biéné

Puis-je t'/vous offrir quelque chose à boire ?
¿Puedo proponerte/proponerle algo de tomar?
pouédo pRoponéRté/pRoponéRlé algo dé tomaR

Avec grand plaisir !
¡Con mucho gusto!
conn moutcho gousto

L'amour

Et si, par hasard, votre voyage prenait des airs un peu fripons, ces quelques termes vous aideront à déclarer votre flamme ou à dire à quelqu'un qu'il vous plaît.

aimer	**amar / querer**	*amaR / kéRéR*
amour	**amor**	*amoR*

un baiser	**un beso**	*ounn **bé**sso*
embrasser	**besar**	*bé**ssar***
tomber amoureux	**enamorarse**	*énamo**rar**sé*

Attention cependant, Cuba est un pays pauvre où la prostitution est souvent le seul moyen d'améliorer son triste quotidien. Méfiez-vous donc des sentiments « amoureux » exprimés par certains Cubains et Cubaines à votre égard.

Je te trouve très mignon(ne).
Te encuentro muy bonito/a.
*té énncou**énn**tro **mou**ï bo**ni**to/a*

Tu me plais.
Me gustas.
*mé **gouss**tass*

Je te trouve charmant(e)/séduisant(e).
Te encuentro encantador(a)/atractivo/a.
*té énncou**énn**tro énncannta**dor**/**do**ra/atrac**ti**bo/a*

Je t'aime.
Te quiero.
*té ki**é**ro*

Tu me manques beaucoup.
Te extraño mucho.
*té éks**tra**gno **mou**tcho*

Veux-tu faire l'amour ?
¿Quieres hacer el amor?
*ki**é**réss a**ssér** él a**mor***

As-tu des préservatifs ?
¿Tienes preservativos?
*ti**é**néss présser**ba**ti**boss*

Temps, dates et fêtes

Dire l'heure

Comme la plupart de leurs voisins, les Cubains découpent le temps en deux cycles de 12 heures (a.m. et p.m.). À part cela, le vocabulaire lié à l'heure est assez similaire à celui que vous connaissez en français.

heure (à l'~)	**a la hora**	*a la **o**Ra*
une heure	**una hora**	***ou**na **o**Ra*
une demi-heure	**(una) media hora**	*(**ou**na) **mé**dia **o**Ra*
une heure et demie	**una hora y media**	***ou**na **o**Ra i **mé**dia*
un quart d'heure	**un cuarto de hora**	*ounn cou**aR**to dé **o**Ra*
une minute	**un minuto**	*ounn mi**nou**to*
une seconde	**un segundo**	*ounn sé**gounn**do*

Ainsi, l'on peut vous demander :

Quelle heure est-il ?
¿Qué hora es?
*ké **o**Ra éss*

À quelle heure ouvrent-ils/ferment-ils ?
¿A qué hora abren/cierran?
*a ké **o**Ra **a**bRénn/si**é**RRann*

Notez que seulement une heure du matin et une heure de l'après-midi sont précédées de l'article défini au singulier, les autres heures sont logiquement précédées de l'article défini pluriel.

Il est une heure du matin/treize heures.

Es la una de la mañana/de la tarde.

*éss la **ou**na dé la ma**gna**na/dé la **ta**rdé*

Il est...	**Son las...**	*sonn lass*
4h du matin. (entre minuit et midi)	**cuatro de la mañana.**	*coua**t**ro dé la ma**gna**na*
3h de l'après-midi. (entre 13h00 et 18h00)	**tres de la tarde.**	*tréss dé la **ta**rdé*
8h du soir. (entre 19h00 et minuit)	**ocho de la noche.**	***o**tcho dé la **no**tché*
midi.	**mediodía.**	*médio**di**a*
minuit.	**medianoche.**	*média**no**tché*
pile 2 heures.	**dos en punto.**	*doss énn **pounn**to*
plus de 9 heures.	**nueve y pico.**	*nou**é**bé i **pi**co*

Vous souhaitez être plus précis ? Les exemples ci-dessous vous montrent comment donner l'heure exacte. Cela n'a rien de difficile pour le francophone que vous êtes :

Il est quatre heures dix/et quart.

Son las cuatro y diez/y cuarto.

*sonn lass coua**t**ro i di**éss**/i coua**r**to*

sont les quatre et dix/et quart

Il est deux heures et demie.

Son las dos y media.

*sonn lass doss i **mé**dia*

Il est cinq heures moins le quart.

Son las cinco menos cuarto.

*sonn lass **sinn**co **mé**noss coua**r**to*

Dire une date

Revenons sur les jours et sur les mois avant de poursuivre la conversation plus avant.

Les jours de la semaine

Notez que, comme en français, les jours de la semaine sont masculins en espagnol.

lundi	**lunes**	***lou**néss*
mardi	**martes**	***maR**téss*
mercredi	**miércoles**	*mi**éR**coléss*
jeudi	**jueves**	*Hou**é**béss*
vendredi	**viernes**	*bi**é**Rnéss*
samedi	**sábado**	***sa**bado*
dimanche	**domingo**	*do**minn**go*

Quel jour sommes-nous ?

¿Qué día es hoy?

*ké **di**a éss **o**ï*

Aujourd'hui, nous sommes mardi.

Hoy es martes.

***o**ï éss **maR**téss*

Nous nous retrouvons jeudi.

Nos encontramos el jueves.

*noss énnconn**tRa**moss él Hou**é**béss*

nous retrouvons le jeudi

Les mois

le mois de...	**el mes de...**	*él méss dé*
janvier	**enero**	*é**né**RO*
février	**febrero**	*fé**bRé**RO*
mars	**marzo**	***ma**RSO*
avril	**abril**	*a**bRil***
mai	**mayo**	***ma**djo*
juin	**junio**	***Hou**nio*
juillet	**julio**	***Hou**lio*
août	**agosto**	*a**goss**to*
septembre	**septiembre**	*séptié**mm**bRé*
octobre	**octubre**	*oc**tou**bRé*
novembre	**noviembre**	*nobi**émm**bRé*
décembre	**diciembre**	*dissi**émm**bRé*

Faites attention, lorsque vous donnez une date en espagnol, il faut glisser la particule **de** entre le cardinal indiquant le jour du mois et le mois et recourir à la forme **estar** du verbe *être*.

Quel jour sommes-nous ?
¿A cómo estamos?
*a **co**mo éss**ta**moss*
à comme sommes

Nous sommes le 15 septembre.
Estamos a quince de septiembre.
*éss**ta**moss a **kinn**sé dé sépti**émm**bRé*

Notez finalement que pour indiquer le siècle, on fait suivre simplement le mot siècle du numéro correspondant :

Le xxe siècle
El siglo veinte
él ***si****glo* ***bé****ïnnté*

Vocabulaire du temps, des jours et des saisons

Vous avez besoin de situer précisément un événement dans le temps ou au cours de la journée ? Jetez donc un œil aux listes de vocabulaire qui suivent !

Les petits mots pour parler du temps

an / année	**año**	***a****gno*
anniversaire	**aniversario** **cumpleaños**	*anibéR****sa****Rio* *coummplé****a****gnoss*
date	**fecha**	***fé****tcha*
futur / avenir	**futuro / porvenir**	*fou****tou****RO / poRbé****niR***
horaire	**horario**	*oR****a****Rio*
mois	**mes**	*méss*
moment	**momento**	*mo****ménn****to*
passé	**pasado**	*pa****ssa****do*
présent	**presente**	*pRé****ssénn****té*
semaine	**semana**	*sé****ma****na*
siècle	**siglo**	***si****glo*
week-end	**fin de semana**	*finn dé sé****ma****na*

Exprimer la fréquence

annuel	**anual**	*anou****al***
hebdomadaire	**semanal**	*séma****nal***

jamais	**nunca / jamás**	**nounn**ca / Ha**mass**
mensuel	**mensual**	ménnsou**al**
parfois	**a veces**	a **béss**éss
quotidiennement	**diariamente**	diaRia**ménn**té
semestriel	**semestral**	séméss**tRal**
souvent	**a menudo**	a mé**nou**do
souvent (très ~)	**muchas veces**	**mou**tchass **béss**éss
toujours	**siempre**	si**émm**pRé
trimestriel	**trimestral**	tRiméss**tRal**

Se repérer dans le temps

alors	**entonces**	énn**tonn**séss
an dernier (l'~)	**año pasado (el ~)**	agno pa**ssa**do (él ~)
an prochain (l'~)	**año próximo (el ~)**	agno **pRok**simo (él ~)
après	**después**	désspou**éss**
après-demain	**pasado mañana**	pa**ssa**do ma**gna**na
aujourd'hui	**hoy**	**oï**
avant	**antes**	**annt**éss
avant-hier	**anteayer**	anntéa**djéR**
bientôt	**pronto**	**pRonn**to
déjà	**ya**	dja
demain	**mañana**	ma**gna**na
encore (pas ~)	**todavía (~ no)**	toda**bia** (~ no)
ensuite	**siguiente / luego**	sigui**énn**té / lou**é**go
hier	**ayer**	a**djéR**
hier soir	**anoche**	a**no**tché
lendemain (le ~)	**día siguiente (al ~)**	**di**a sigui**énn**té (al ~)
maintenant	**ahora**	a**o**Ra
mois dernier (le ~)	**mes pasado (el ~)**	méss pa**ssa**do (él ~)
mois prochain (le ~)	**mes próximo (el ~)**	méss **pRok**simo (él ~)
pendant	**durante**	dou**Rann**té

prochainement	**próximamente**	*pRoksima**ménn**té*
tard (plus ~)	**tarde (más ~)**	***ta**Rdé (mass)*
tôt (plus ~)	**temprano (más ~)**	*témm**pRa**nno (mass)*
tout de suite	**enseguida**	*énnsé**gui**da*
une fois	**una vez**	***ou**na béss*
veille (la ~)	**el día antes/la víspera**	*él **dia** **ann**téss/la **biss**péRa*

Les moments de la journée

aube	**amanecer**	*amané**sséR***
crépuscule	**caída de la noche**	*caïda dé la **no**tché*
matin	**mañana**	*ma**gna**na*
midi	**mediodía**	*medio**dia***
minuit	**medianoche**	*media**no**tché*
après-midi	**tarde**	***ta**Rdé*
nuit	**noche**	***no**tché*
soir	**tarde/noche**	***ta**Rdé/**no**tché*

Quelques jours particuliers

jour de congé	**día de vacaciones**	***di**a de bacassi**o**néss*
jour férié	**día feriado**	***dia** féRi**a**do*
journée de repos	**día libre**	***dia** **li**bRé*

Les saisons

l'automne	**el otoño**	*él o**to**gno*
l'été	**el verano**	*él bé**Ra**no*
l'hiver	**el invierno**	*él innbi**éR**no*
le printemps	**la primavera**	*la pRima**bé**Ra*

la saison…	**la estación…**	*la ésstassi**onn***
des grands froids	**de los grandes fríos/nortes**	*dé loss **gRann**déss **fRi**oss/**noR**téss*
des pluies	**de las lluvias**	*dé lass **djou**biass*
sèche	**seca**	***sé**ca*

Jours fériés

À Cuba, pays laïque, les fêtes religieuses ne sont pas célébrées. Toutefois, la venue des papes n'est pas sans laisser de traces. Depuis le passage sur l'île de Jean-Paul II en 1998, le 25 décembre est chômé (sans revêtir pour autant un caractère religieux et sans être le prétexte d'échanges de cadeaux). Plus récemment, au mois de mars 2012, le Vendredi saint a été déclaré férié suite à la visite de Benoît XVI.
Les autres jours fériés cubains commémorent certaines dates de l'histoire du pays.

Les 31 décembre, 1er et 2 janvier	Ces trois jours commémorent le triomphe de la Révolution cubaine en 1959.
Le 1er mai	Depuis la Révolution, les forces armées se joignent au défilé des travailleurs et des étudiants afin de montrer l'unité nationale.
Les 25/26/27 juillet	Ces trois jours commémorent la tentative de la prise de la Caserne du Moncada par les Révolutionnaires de Fidel Castro, en 1953. Il s'agit d'une fête très populaire et très importante pour les Cubains.
Le 10 octobre	En 1868, Carlos Manuel de Céspedes, riche propriétaire terrien, libère ses esclaves et fonde une armée déclenchant ainsi la guerre des Dix Ans contre la Couronne espagnole. C'est cet événement que les Cubains célèbrent le 10 octobre.

Appel à l'aide

Vous le constaterez lors de votre séjour, les Cubains sont serviables et très ouverts. Si vous vous trouvez dans une situation d'urgence, quelle qu'elle soit, n'hésitez pas à faire appel à eux.

Urgences

À l'aide !	**¡Auxilio!**	*aoucsilio*
Au feu !	**¡Fuego!**	*fouégo*
Au secours !	**¡Socorro! / ¡Auxilio!**	*socoRRo / aoucsilio*
Au voleur !	**¡Al ladrón! / ¡Al carterista!**	*al ladRonn / al caRtéRissta*

S'il vous plaît, cherchez de l'aide !
¡Por favor, busque ayuda!
poR faboR bousské adjouda

Elle/Il fait un malaise !
¡Ella/Él se siente mal!
édja/él sé siénnté mal

Aidez-moi, je suis blessé(e) !
¡Ayúdeme, estoy herido/herida!
adjoudémé ésstoï éRido/éRida

Vite, appelez…	**¡Rápido, llame a…**	*RRapido, djamé a*
une ambulance !	**una ambulancia!**	*ouna ammboulannsia*
un médecin !	**un médico!**	*ounn médico*
la police !	**la policía!**	*la polissia*
les pompiers !	**los bomberos!**	*loss bommbéRoss*

En cas d'urgence, voici les numéros de téléphone abrégés à composer :

Ambulance (**Ambulancia**) = 104
Empoisonnement (**Antidrogas**) = 103
Police (**Policía**) = 106
Pompiers (**Bomberos**) = 105

De la même manière, si vous ressentez un quelconque danger ou si l'on vous importune, vous pouvez vous défendre en lançant un :

Allez-vous-en !
¡Váyase!
***ba**djassé*
allez-vous

Laissez-moi en paix !
¡Déjeme en paz!
***dé**Hémé énn pass*

Sur la route

Il y a eu un accident, rue X, à l'angle de la rue Y.
Ha habido un accidente, en el cruce de la calle X con la Y.
*a a**bi**do ounn acsi**dénn**té énn él **cRou**ssé dé la **ca**djé X conn la Y*
a eu un accident en le croisement de la rue X avec la Y

Ne bougez pas, le médecin/l'ambulance arrive !
No se mueva, el médico/la ambulancia llega.
*no sé mou**é**ba él **mé**dico/la ammbou**lann**sia **djé**ga*

Éloignez-vous de la voiture, il y a une fuite d'essence !
¡Aléjese del carro, la gasolina se ha derramado/salido!
*a**lé**Héssé dél **ca**RRo la gasso**li**na sé a déRRa**ma**do/sa**li**do*
éloignez-vous de la voiture l'essence se a répandu/sorti

Il y a deux blessés à l'intérieur de la voiture.
Hay dos heridos dentro del carro.
***a**ï doss é**Ri**doss **dénn**tRo dél **ca**RRo*

Panneaux et sigles

Panneaux

À certains endroits, les panneaux régissant le trafic routier pourront vous étonner comme, par exemple, le symbole d'un âne tirant une charrette ou deux voitures se percutant pour indiquer que la route est dangereuse !

La signalisation routière

accident	**accidente**	acsi**dénn**té
arrêt de bus	**parada**	pa**Ra**da
autoroute	**autopista**	aouto**piss**ta
avenue	**avenida**	abé**ni**da
boulevard	**bulevar**	boulé**baR**
déviation	**desviación**	déssbiassi**onn**
feu tricolore	**semáforo**	sé**ma**foRo
hauteur limitée	**altura limitada**	al**tou**Ra limi**ta**da
sans issue	**sin salida**	sinn sa**li**da
sens unique	**sentido único**	sénn**ti**do **ou**nico
stop	**pare / stop**	**pa**Ré / éss**top**
travaux	**obras**	**o**bRass

Les toilettes

dames	**damas**	**da**mass
libre	**libre**	**li**bRé
messieurs	**caballeros**	caba**djé**Ross
occupé	**ocupado**	ocou**pa**do
toilettes	**baños / servicios**	**ba**gnoss / séR**bi**ssioss

Autres panneaux utiles

accueil	**recepción**	*RRésséépsionn*
à louer	**se alquila**	*sé alkila*
attention (au feu)	**cuidado (con el fuego)**	*couidado (conn él fouégo)*
à vendre	**se vende**	*sé bénndé*
billets	**tickets / boletos / pasajes**	*tikétss / bolétoss / passaHéss*
caisse	**caja**	*caHa*
change	**cambio**	*cammbio*
danger	**peligro**	*péligRO*
défense de fumer	**se prohibe fumar**	*sé pROïbé foumaR*
entrée	**entrada**	*énntRada*
fermé	**cerrado**	*séRRado*
interdit de	**prohibido**	*pROïbido*
ouvert	**abierto**	*abiéRto*
poste de police	**estación de policía**	*ésstassionn dé polissia*
poussez	**empuje**	*émmpouHé*
privé	**privado**	*pRibado*
renseignements	**información**	*innfoRmassionn*
réservé	**reservado**	*RRésséRbado*
salle d'attente	**sala de espera**	*sala dé ésspéRa*
sens de la file	**sentido de la cola**	*sénntido dé la cola*
sortie de secours	**salida de socorro/ de urgencias**	*salida dé socoRRo/ dé ouRHénnsiass*
tirez	**hale**	*alé*

Abréviations courantes

Vous ne trouverez pas à Cuba d'abréviations ou de sigles particuliers pour les services postaux ou les transports en commun. Nous vous indiquons toutefois celles et ceux que vous êtes susceptible de croiser.

Messieurs

H	**Hombres**	**C**	**Caballeros**
atché	*ommbRéss*	*cé*	*cabadjéROSS*

Dames

M	**Mujeres**	**D**	**Damas**
émmé	*mouHéRéss*	*dé*	*damass*

Les poids sont indiqués en onces et en livres plutôt qu'en kilogrammes et grammes. Mais, de plus en plus, les Cubains utilisent les deux systèmes :

	livre		*once*
lb	**libra**	**oz**	**onza**
	libRa		*onnsa*

Finalement, ce sont les organismes nationaux qui fournissent aux Cubains la majorité de leurs abréviations :

	Banque financière internationale
BFI	**Banco financiero internacional**
bé éfé i	*bannco finannsiéRO inntéRnassional*
	Bureau de change
CADECA	**Casa de cambio**
cadéca	*cassa dé cammbio*
	Comité de défense de la Révolution
CDR	**Comité de Defensa de la Revolución**
cé dé éRRé	*comité dé défénnsa dé la RRéboloussionn*

OBE
obé

Entreprise nationale d'électricité
Organización Básica Eléctrica
organissassionn bassica éléctrica
organisation basique électrique

ETECSA
étécsa

Entreprise de télécommunications
Empresa de Telecomunicaciones de Cuba, sociedad anónima
émmpréssa dé télécomounicassionéss dé couba sossiéda anonima
entreprise de télécommunications de Cuba société anonyme

PNR
pé énné éRRé

Police nationale
Policía Nacional Revolucionaria
polissia nassional RRéboloussionaria

UNEAC
ounéac

Union nationale des écrivains et artistes de Cuba
Unión Nacional de Escritores y Artistas de Cuba
ounionn nassional dé ésscritoréss i artisstass dé couba

↗ Voyager

Contrôle de passeports et douane

Avoir son passeport en main, c'est déjà une invitation au voyage et le début des vacances. Vous devrez évidemment franchir les contrôles d'identité et de douane habituels. Voici quelques mots et phrases qui vous y aideront.

Quel est l'objet de votre visite ?
¿Cuál es el motivo de su estancia/su visita?
coual éss él motibo dé sou ésstannsia/sou bissita

Je suis venu(e)...	**He venido...**	*é bé**ni**do*
pour mes études.	**por mis estudios.**	*poʀ miss éss**tou**dioss*
pour les vacances.	**de vacaciones.**	*dé bacassi**o**néss*
pour mon travail.	**por mi trabajo.**	*poʀ mi tʀa**ba**Ho*

Quelle est la durée de votre séjour ?

¿Cuánto tiempo va a estar?

*cou**ann**to ti**émm**po ba a éss**taʀ***

Avez-vous quelque chose à déclarer ?

¿Tiene algo que declarar?

*ti**é**né **al**go ké décla**ʀaʀ***

confisquer	**decomisar**	*décomi**ssaʀ***
contrôle des passeports	**control de pasaportes**	*conn**tʀol** dé passa**poʀ**téss*
douane	**aduana**	*adou**a**na*
marchandises à déclarer	**mercancías que declarar**	*méʀcann**si**ass ké décla**ʀaʀ***
rien à déclarer	**nada que declarar**	***na**da ké décla**ʀaʀ***

Je ne comprends pas. Y a-t-il quelqu'un qui parle français ?

No comprendo. ¿Hay alguien que hable francés?

*no comm**pʀénn**do **aï** **al**guiénn ké **a**blé fʀann**séss***

Change

Changez toujours votre argent dans les bureaux réservés à cet effet, jamais auprès de personnes qui, sous prétexte de vous éviter de faire la queue, vous proposent leurs services. Vous trouverez à Cuba le **peso** ou **moneda nacional** *[mo**né**da nassio**nal**]* (*monnaie nationale*) et le **CUC** ou **peso cubano convertible**.

bureau de change	**cadeca / oficina de cambio**	*ca**dé**ca ofi**ssi**na dé **camm**bio*
carte de crédit	**tarjeta de crédito**	*taʀ**Hé**ta dé **cʀé**dito*
CUC	**cuc**	*couk*
peso convertible	**peso convertible**	***pé**sso connbéʀ**ti**ble*

Puis-je changer...	**¿Puedo cambiar...**	*pou**é**do cammbi**aʀ***
des chèques de voyage ?	**cheques de viaje?**	***tché**késs dé bi**a**Hé*
des dollars canadiens ?	**dólares canadienses?**	***do**laʀéss canadi**énn**séss*
des euros ?	**euros?**	***é**ouʀoss*
des francs suisses ?	**francos suizos?**	***fʀann**coss sou**i**ssoss*

En avion

Le transport aérien à l'intérieur de l'île n'est pas très utilisé par les Cubains car trop onéreux et le délai pour obtenir un billet est parfois très long. Toutefois, la compagnie nationale **Cubana de Aviación** ainsi qu'une autre compagnie cubaine charter, desservent toutes les grandes villes de province à partir de la capitale.

Je voudrais réserver...	**Quisiera reservar...**	*kissi**é**ʀa RRésséʀ**baʀ***
un aller simple.	**una ida simple.**	***ou**na **i**da **simm**plé*
un aller-retour.	**una ida y vuelta.**	***ou**na **i**da i bou**él**ta*
un siège côté couloir/ hublot.	**un asiento al lado del pasillo/de la ventanilla.**	*ounn assi**énn**to al **la**do dél pa**ssi**djo/dé la bénnta**ni**dja*

J'ai...	**Tengo...**	***ténn**go*
des bagages.	**maletas. / equipaje.**	*ma**lé**tass / éki**pa**Hé*
un excédent de bagages.	**sobrepeso.**	*sobʀé**pé**sso*

À quelle heure arrive/décolle l'avion ?
¿A qué hora llega/despega el avión?
*a ké **o**ʀa **dj**é**ga/déss**pé**ga él abi**onn***

Établissez-vous un billet électronique ?
¿Establece un pasaje electrónico?
ésstabléssé ounn passaHé éléctRonico

J'aimerais un billet pour…
Quisiera un pasaje para…
kissiéRa ounn passaHé paRa

Pour quel jour avez-vous encore des places ?
¿Para qué día le quedan plazas?
paRa ké dia lé kédann plassass

Quelle est l'heure limite d'enregistrement ?
¿Cuál es la hora límite de inscripción?
coual éss la oRa limité dé innscRipsionn

En autocar et en train

Une politique de renouvellement des voies ferrées a été lancée mais l'état de vétusté des trains actuels rend les déplacements lents et difficiles à Cuba. Pour les longs déplacements, optez donc pour les autocars, assez modernes et confortables.

autobus / autocar	**autobús / guagua**	*aoutobouss / gouagoua*
bagages	**equipaje**	*ékipaHé*
billet	**pasaje / boleto**	*passaHé / boléto*
compartiment	**compartimiento**	*commpaRtimiénnto*
contrôleur	**verificador**	*béRificador*
couloir	**pasillo**	*passidjo*
fenêtre	**ventanilla**	*bénntanidja*
gare	**estación de trenes**	*ésstassionn dé tRénéss*
horaires	**horarios**	*oRaRioss*

quai	**andén**	*ann**dénn***
valise	**maleta**	*ma**lé**ta*
wagon / voiture	**vagón**	*ba**gonn***

Où se trouve la gare/la gare routière ?
¿Dónde está la terminal de trenes/guaguas?
***donn**dé éss**ta** la téRmi**nal** dé **tRé**néss/gou**a**gouass*

Combien de temps dure le trajet ?
¿Cuánto dura el viaje?
*cou**ann**to **dou**Ra él bi**a**Hé*

Dans quelles villes s'arrête ce train/cet autocar ?
¿En qué ciudades para este tren/este autobús?
*énn ké siou**da**déss **pa**Ra **éss**té tRénn/**éss**té aouto**bouss***

De quel quai part le train pour... ?
¿De qué andén parte el tren para...?
*dé ké ann**dénn** **paR**té él tRénn **pa**Ra*

Combien coûte un aller-retour pour... ?
¿Cuánto cuesta una ida y vuelta para...?
*cou**ann**to cou**éss**ta **ou**na **i**da i bou**él**ta **pa**Ra*

J'aimerais un aller simple pour...
Quisiera una ida para...
*kissi**éR**a **ou**na **i**da **pa**Ra*

À quelle heure part le premier/le prochain/le dernier train/autocar ?
¿A qué hora parte el primer/el próximo/el último tren/autobús?
*a ké **o**Ra **paR**té él pRi**méR**/él **pRok**simo/él **oul**timo tRénn/aouto**bouss***

Où se trouve le guichet ?
¿Dónde está la taquilla?
donndé éssta la takidja

Est-ce que cette place est prise ?
¿Hay alguien sentado aquí?
aï alguiénn sénntado aki

Je descends au prochain arrêt.
Me bajo en la próxima parada.
mé baHo énn la pRoksima paRada

En bateau

Vous pourrez effectuer certains déplacements en bateau et accéder ainsi à des sites exceptionnels pour pratiquer la plongée sous-marine et la pêche. Retenez cependant que l'utilisation du bateau est encore, pour des raisons politiques, assez limitée.

amarres	**amarras**	*amaRRass*
ancre	**ancla**	*anncla*
bateau	**barco**	*baRco*
bouée de sauvetage	**salvavidas**	*salbabidass*
cabine	**cabina**	*cabina*
gilet de sauvetage	**chaleco salvavidas**	*tchaléco salbabidass*
itinéraire	**itinerario**	*itinéRaRio*
pont	**puente**	*pouénnté*
ponton	**muelle**	*mouédjé*

En taxi

Vous trouverez à Cuba diverses compagnies de taxi comme les Cubataxi ou les Transtur qui appartiennent à l'État. Généralement les stations de taxis se trouvent près des hôtels à la Havane. Les Cubains optent pour des *taxis collectifs*, **colectivos** *[coléc**ti**boss]* (moins onéreux), qui suivent un itinéraire fixe et où l'on paie en monnaie nationale. Voici quelques phrases vous permettant de vous assurer un trajet sans surprise :

Combien coûte la course en taxi jusqu'à…	**¿Cuánto cuesta la carrera en taxi/en botero hasta…**	*cou**ann**to cou**éss**ta la ca**RRé**Ra énn **ta**ksi/énn bo**té**Ro **ass**ta*
l'aéroport ?	**el aeropuerto?**	*él aéRopou**éR**to*
l'hôtel ?	**el hotel?**	*él o**tél***
la plage ?	**la playa?**	*la **pla**dja*
le restaurant ?	**el restaurante?**	*él RRésstaouRa**nn**té*

Conduisez-moi à cette adresse, s'il vous plaît !
Lléveme a esta dirección, por favor.
__djé__bémé a __éss__ta diRécsi__onn__ poR fa__boR__

Pouvez-vous mettre le compteur en marche, s'il vous plaît ?
¿Puede encender el taxímetro/el contador, por favor?
pou__é__dé énnsénn__déR__ él tak__si__métRo/él conta__doR__ poR fa__boR__

Ce n'est pas le chemin que je vous ai indiqué !
¡Este no es el camino que le dije!
__éss__té no éss él ca__mi__no ké lé __di__Hé

Je descends ici.
Aquí me bajo.
a__ki__ mé __ba__Ho

C'est très cher.
Es muy caro.
éss __mouï__ __ca__Ro

Les deux-roues

Du fait de la pénurie de moyens de transport et de la vétusté des bus et des voitures, de nombreux vélos circulent dans les rues de La Havane. Vous trouverez également quelques circuits touristiques qui vous permettent, en louant les vélos à La Havane, de découvrir Cuba d'ouest en est.

bicyclette / vélo	**bicicleta**	*bissi**cléta***
motocyclette	**motocicleta**	*motossi**cléta***
scooter	**motoneta**	*moto**né**ta*

Quelques accessoires :

chaîne	**cadena**	*ca**dé**na*
garde-boue	**guardafangos**	*gouaRda**fann**goss*
guidon	**manubrio**	*ma**nou**bRio*
jante	**llanta**	***djann**ta*
siège	**silla**	***si**dja*

Location de voitures

Les touristes et les étrangers ont la possibilité de louer des voitures et même des motos à l'aéroport de La Havane ainsi que dans quelques boutiques de la capitale.

Combien coûte la location d'une voiture pour...	**¿Cuánto cuesta alquilar un carro por...**	*cou**ann**to cou**éss**ta alki**laR** ounn **ca**RRo poR*
une semaine ?	**una semana?**	***ou**na sé**ma**na*
quinze jours ?	**quince días?**	***kinn**sé **di**ass*
un mois ?	**un mes?**	*ounn méss*

Circuler en voiture

Vous constaterez qu'il n'y a pas beaucoup de véhicules circulant dans les villes, pas même à La Havane. Vous verrez surtout des **almendrones** *[alménn**dRo**néss]* (litt. *"grandes amandes"*), nom donné par les Cubains aux vieilles voitures américaines, véritables pièces de collection, qui circulent sur l'île. La signalisation routière n'est pas très présente et l'état des routes (exception faite de la *grande route nationale*, **Carretera central**) laisse à désirer.

Où y a-t-il une station essence/un garage ?
¿Dónde hay una gasolinera/un garaje?
__donn__dé __aï__ __ou__na gassoli__né__Ra/ounn ga__Ra__Hé

Pouvez-vous...	**¿Puede...**	*pouédé*
me changer l'huile ?	**hacerme un cambio de aceite?**	*a**ssé**Rmé ounn **camm**bio dé a**ssé**ïté*
remplacer les pneus ?	**cambiar las gomas?**	*cammbi**aR** lass **go**mass*
vérifier le niveau d'huile ?	**mirar el nivel de aceite?**	*mi**RaR** él ni**bél** dé a**ssé**ïté*
vérifier les pneus ?	**mirar las gomas?**	*mi**RaR** lass **go**mass*

Pouvez-vous me faire le plein, s'il vous plaît ?
¿Puede llenarme el tanque, por favor?
*pou**é**dé djé**na**Rmé él **tann**ké poR fa**boR***

Mettez-moi 10 litres...	**Écheme 10 litros...**	*étchémé di**éss** **li**tRoss*
de gazole.	**de petróleo.**	*dé pé**tRo**léo*
de sans plomb.	**de sin plomo.**	*dé sinn **plo**mo*
de super.	**de extra.**	*dé **éks**tRa*

Je suis tombé(e) en panne.

Se me ha roto el carro.

*sé mé a **RRo**to él **ca**RRo*

se me a cassé la voiture

Ceci ne fonctionne pas correctement.

Esto no funciona correctamente.

***éss**to no founnsi**o**na coRRécta**ménn**té*

Pouvez-vous le réparer, s'il vous plaît ?

¿Puede arreglarlo, por favor?

*pou**é**dé aRRé**glaR**lo poR fa**boR***

Combien coûte la réparation ?

¿Cuánto cuesta arreglarlo?

*cou**ann**to cou**éss**ta aRRé**glaR**lo*

Au garage

Voici un peu de vocabulaire relatif à la voiture afin de vous permettre de décrire une panne, un problème ou de demander un renseignement à un garagiste.

allumage	**encendido**	*énnsénn**di**do*
klaxon	**claxon / pito**	*clak**sonn** / **pi**to*
batterie	**batería**	*baté**Ri**a*
boîte de vitesses	**caja de cambios**	***ca**Ha dé **camm**bioss*
carburateur	**carburador**	*caRbouRa**doR***
certificat d'immatriculation	**propiedad**	*pRopié**da***
cric	**gato**	***ga**to*
démarreur	**arranque**	*a**RRann**ké*

embrayage	**cloche**	clotché
essuie-glaces	**limpiaparabrisas**	limmpiapaRabRissass
feux avant/arrière	**faro delante/detrás**	faRo délannté/détRass
freins	**frenos**	fRénoss
jerrican	**bidón**	bidonn
moteur	**motor**	motoR
permis de conduire	**licencia de conducir / cartera dactilar**	lissénnsia dé conndoussiR / caRtéRa dactilaR
plaque minéralogique	**chapa**	tchapa
radiateur	**radiador**	RRadiadoR
roues	**ruedas**	RRouédass

En ville

Pour trouver son chemin

Les grandes villes à Cuba ont été construites à partir de plans en damier. On vous donnera toujours les adresses en commençant par le nom de la rue ou de l'avenue, suivi du numéro et, pour finir, on vous indiquera la position de la rue que vous cherchez par rapport aux deux rues parallèles l'encadrant.

Pouvez-vous m'indiquer...	**¿Puede indicarme...**	pouédé inndicaRmé
le chemin pour... ?	**el camino para... ?**	él camino paRa
où se trouve... ?	**dónde está... ?**	donndé éssta
sur le plan où est... ?	**en el mapa dónde está...?**	énn él mapa donndé éssta

Vous devez...	**Usted tiene que...**	ousté tiéné ké
aller en direction de...	**ir en dirección de...**	iR énn diRécsionn dé
aller par là/ici.	**ir por acá/aquí.**	iR poR aca/aki
passer trois croisements.	**caminar tres cuadras.**	caminaR tRéss couadRass

tourner à gauche/ droite.	**doblar a la izquierda/ derecha.**	*do**blar** a la isski**é**rda/ dé**ré**tcha*
traverser cette rue.	**cruzar esa calle.**	*crou**ssar** **é**ssa **ca**djé*

L'adresse est la suivante : 23, rue Tamarindo.

La dirección es la siguiente: Tamarindo 23, entre Rabí y 10 de octubre.

*la dirécsi**onn** éss la sigui**énn**té tama**rinn**do béïnnti**tress** **énn**tré RRab**i** **i** di**éss** dé oc**tou**bré*

Métro et bus

Il n'y a pas de lignes de métro à Cuba. Le réseau de bus s'est considérablement amélioré depuis l'achat par l'État de bus chinois mais il est très difficile de monter dans les bus bondés pendant les heures de pointe.

Où se trouve l'arrêt de bus ?

¿Dónde está la parada de la guagua?

***donn**dé éss**ta** la pa**ra**da dé la gou**a**goua*

Quand passe le prochain bus ?

¿Cuándo viene la próxima guagua?

*cou**ann**do bi**é**né la **pro**ksima gou**a**goua*

Quel bus mène...	**¿Qué guagua va...**	*ké gou**a**goua ba*
à la plage ?	**a la playa?**	*a la **pla**dja*
à la Rampa ?	**a la Rampa?**	*a la **RRamm**pa*
au Capitole ?	**al Capitolio?**	*al capi**to**lio*
au Malecón (bord de mer) ?	**al Malecón?**	*al malé**conn***
au Vedado ?	**al Vedado?**	*al bé**da**do*
au Vieux Havane ?	**a la Habana Vieja?**	*a la a**ba**na bi**é**Ha*

Visite d'expositions, musées, sites

Vous trouverez de nombreux musées à Cuba dont certains sont consacrés à l'art colonial, à la céramique, à la Révolution et même à Napoléon Bonaparte. Des visites guidées du Vieux Havane sont organisées dans le cadre du programme **Rutas y Andares**.

Y a-t-il des visites guidées en français dans ce musée ?
¿Hay visitas con guía que hable francés en este museo?
*aï bi**ssi**tass conn **gui**a ké **a**blé fRann**séss** énn **éss**té mou**ssé**o*

Est-il permis de prendre des photos ?
¿Se permite tomar fotos?
*sé péR**mi**té to**maR** **fo**toss*

Je voudrais un billet…	**Quisiera una entrada…**	*kissi**é**Ra **ou**na énn**tRa**da*
pour 2 adultes.	**para dos adultos.**	***pa**Ra doss a**doul**toss*
pour 2 enfants.	**para dos niños.**	***pa**Ra doss **ni**gnoss*
tarif réduit.	**tarifa reducida.*	*ta**Ri**fa RRédou**ssi**da*

Sorties au cinéma et au théâtre, concerts

Le cinéma étranger occupe une place de choix à Cuba : des cycles culturels sont consacrés aux cinémas français, italien et espagnol. Ne manquez pas non plus les représentations théâtrales ainsi que les nombreux festivals musicaux de qualité comme, par exemple, le ***Havana International Jazz Festival***. Vous verrez, l'été, les Cubains se rendent en masse à de nombreux spectacles gratuits en plein air.

Combien coûte l'entrée pour ce spectacle ?
¿Cuánto cuesta la entrada para este espectáculo?
*cou**ann**to cou**éss**ta la énn**tRa**da **pa**Ra **éss**té éss**péc**ta**coulo*

À quelle heure commence le film/la pièce/le concert ?
¿A qué hora empieza la película/la pieza/el concierto?
*a ké **o**ʀa émmpi**é**ssa la pé**li**coula/la pi**é**ssa/él connssi**é**ʀto*

Quel type de musique joue-t-on ?
¿Qué tipo de música tocan?
*ké **ti**po de **mou**ssica **to**cann*

J'aimerais une place pour...	**Quisiera una entrada para...**	*kissi**é**ʀa **ou**na énn**tʀa**da **pa**ʀa*
la séance de 8 heures.	**la tanda de las ocho.**	*la **tann**da dé lass **o**tcho*
la pièce de...	**la pieza de...**	*la pi**é**ssa dé*
le concert de...	**el concierto de...**	*él connsi**é**ʀto dé*
ce spectacle.	**este espectáculo.**	***éss**té éss**péc**tacoulo*

Autres curiosités

Sachez que La Havane n'est pas la seule ville intéressante à visiter lors de votre séjour. Les villes comme Bayamo, Sancti Spiritus, Pinar del Río, Holguín, Trinidad, Remedios et Santiago de Cuba vous assureront des promenades pleines de surprises et d'émerveillement, du fait notamment de leur architecture coloniale.

Où se trouve...	**¿Dónde está...**	***donn**dé éss**ta***
l'aquarium ?	**el acuario?**	*él acou**a**ʀio*
la bibliothèque ?	**la biblioteca?**	*la biblio**té**ca*
la cathédrale ?	**la catedral?**	*la caté**dʀal***
le château ?	**el castillo?**	*él cass**ti**djo*
le cimetière ?	**el cementerio?**	*él séménn**té**ʀio*
l'église ?	**la iglesia?**	*la i**glé**ssia*
la fabrique de cigares Partagas ?	**la fábrica de tabaco Partagás?**	*la **fa**bʀica de ta**ba**co paʀta**gass***
la fontaine ?	**la fuente?**	*la fou**énn**té*

les jardins ?	**los jardines?**	*loss HaRdinéss*
la mairie ?	**la alcaldía?**	*la alcaldia*
la maison de… ?	**la casa de…?**	*la cassa dé*
le marché ?	**el mercado?**	*él méRcado*
le monastère ?	**el monasterio?**	*él monasstéRio*
le musée (d'art colonial) ?	**el museo (de arte colonial)?**	*él mousséo (dé aRté colonial)*
le palais ?	**el palacio?**	*él palassio*
le parc ?	**el parque?**	*él paRké*
la place ?	**la plaza?**	*la plassa*
le port ?	**el puerto?**	*él pouéRto*
la promenade du Prado ?	**el paseo del Prado?**	*él passéo dél pRado*
l'université ?	**la universidad?**	*la ounibéRsida*
le zoo ?	**el zoológico?**	*él sooloHico*

À la poste

Dans les bureaux de poste, les guichets sont consacrés aux mandats postaux, aux télécopies et à la vente de timbres.

Où se trouve le bureau de poste/la boîte aux lettres, s'il vous plaît ?
¿Dónde está el correo/el buzón, por favor?
donndé éssta él coRRéo/él boussonn poR faboR

Bonjour, je voudrais envoyer (en France, …)	**Buenos días, quisiera enviar (a Francia, …)**	*bouénoss diass kissiéRa énnbiaR (a fRannsia)*
une carte postale.	**una (tarjeta) postal.**	*ouna (taRHéta) posstal*
un colis.	**un paquete.**	*ounn pakété*
une lettre en recommandé.	**una carta certificada.**	*ouna caRta séRtificada*
une lettre par avion.	**una carta por avión.**	*ouna caRta poR abionn*

un mandat.	**un giro.**	*ounn **Hi**ro*
une télécopie. / un fax.	**un fax.**	*ounn faks*

J'aimerais acheter des timbres.
Quisiera comprar sellos.
*kissi**é**ra comm**prar** **sé**djoss*

Au téléphone

Le téléphone portable commence à faire son apparition à Cuba. Pour 40 **CUC** de frais d'ouverture de ligne et 10 **CUC** d'abonnement, les Cubains peuvent disposer d'un portable.

J'ai besoin de passer un coup de fil.
**Necesito llamar por teléfono.*
*néssé**ssi**to dja**mar** por té**lé**fono*

À quel numéro puis-je vous joindre ?
¿A qué número puedo contactarle?
*a ké **nou**méro pou**é**do conntac**tar**lé*

S'il vous plaît, puis-je parler à Monsieur.../Madame...?
¿Por favor, quisiera hablar con el Señor.../la Señora...?
*por fa**bor** kissi**é**ra ha**blar** conn él sé**gnor**/la sé**gno**ra*

Il/Elle n'est pas là.
Él/Ella no está.
*él/**é**dja no éss**ta***

La ligne est occupée. Je raccroche.
La línea suena ocupada. Cuelgo.
*la **li**néa sou**é**na ocou**pa**da cou**é**lgo*

Excusez-moi, j'ai fait un faux numéro.
Excúseme, me he equivocado de número.
*eks**cou**ssémé mé é ékibo**ca**do dé **nou**méRo*

Internet

L'Internet n'est pas très répandu à Cuba. Les Cubains peuvent avoir accès à leurs e-mails dans des structures culturelles ou dans certaines entreprises mais pas à l'Internet (exception faite de quelques privilégiés). Les touristes ont la possibilité de se connecter dans tous les hôtels.

J'ai besoin d'avoir accès à Internet.
Necesito tener acceso a Internet.
*néssé**ssi**to té**néR** ac**sé**sso a inntéR**nétt***

Avez-vous une adresse e-mail ?
¿Tiene una dirección email?
*ti**é**né **ou**na diRécsi**onn** i**méïl***

Si vous souhaitez plus de vocabulaire à ce sujet, reportez-vous au chapitre « Rendez-vous professionnels ».

L'administration

L'administration cubaine connaît parfois quelques lenteurs. Si vous avez affaire à elle, armez-vous de patience !

Pouvez-vous m'indiquer les démarches à suivre pour obtenir l'autorisation ?
¿Puede indicarme cuáles son los trámites para obtener la autorización?
*pou**é**dé inndi**caR**mé cou**a**léss sonn loss **tRa**mitéss **pa**Ra obté**néR** la aoutoRissassi**onn***

Quels sont les documents que je dois vous apporter ?
¿Qué documentos tengo que traerle?
*ké docou**ménn**toss **ténn**go ké tRa**éR**le*

Remplissez ce formulaire en trois exemplaires.
Llene esta planilla en tres ejemplares.
***djé**né **éss**ta pla**ni**dja énn tRéss éHémm**pla**Réss*

Loin de toute démarche administrative de ce genre, si vous avez été victime d'un vol ou si vous avez perdu quelque chose, adressez-vous **a la estación de policía** *[ésstassi**onn** dé poli**ssi**a]*, *au commissariat.*

J'ai perdu... *On m'a volé...*	**He perdido...** **Me han robado...**	*é péR**di**do* *mé ann RRo**ba**do*
l'argent que j'avais sur moi.	**el dinero que llevaba.**	*él di**né**Ro ké djé**ba**ba*
ma carte de crédit.	**la tarjeta de crédito.**	*la taR**Hé**ta dé **cRé**dito*
ma voiture.	**el auto/la máquina.**	*él **a**outo/la **ma**kina*
mes clés.	**las llaves.**	*lass **dja**béss*
mes papiers.	**los papeles.**	*loss pa**pé**léss*
mon portable.	**el celular.**	*él sélou**laR***
mon portefeuille.	**el monedero.**	*él moné**dé**Ro*

À la banque

Vous pourrez retirer de l'argent dans des distributeurs automatiques et dans les banques internationales ainsi que dans les hôtels. Les Cubains qui ouvrent un compte en **CUC** ont le droit d'acquérir une carte de crédit. Le paiement par chèque n'est pas utilisé à Cuba.

Où se trouve la banque la plus proche ?
¿Dónde está el banco más cercano?
***donn**dé éss**ta** él **bann**co mass sé**Rca**no*

Je souhaite déposer cette somme sur le compte n° …
Deseo depositar esta suma de dinero en la cuenta n°…
*dé**ssé**o dépossi**taR** **éss**ta **sou**ma dé di**né**Ro énn la cou**énn**ta **nou**méRo*

Je cherche un…	**Busco un…**	***bouss**co ounn*
distributeur automatique de billets.	**cajero automático de billetes.**	*ca**Hé**Ro aouto**ma**tico dé bi**djé**téss*
bureau de change.	**oficina de cambio.**	*ofi**ssi**na dé **camm**bio*

Chez le coiffeur

Malgré les pénuries et les restrictions, les Cubains prennent soin de leur apparence. *Les coiffeurs*, **los peluqueros** *[loss pélou**ké**Ross]*, ne manquent donc pas de travail ! Si l'envie vous prend, n'hésitez pas à leur rendre visite. Ces petites phrases vous aideront à entamer la conversation avec eux et à obtenir une coupe réussie !

C'est pour une coupe. Pouvez-vous me prendre tout de suite ?
Es para un corte de pelo. ¿Puede atenderme enseguida?
*éss **pa**Ra ounn **coR**té dé **pé**lo pou**é**dé aténn**déR**mé énnsé**gui**da*

Pouvez-vous couper seulement les pointes ?
¿Puede solamente cortarme las puntas?
*pou**é**dé sola**ménn**té coR**taR**mé lass **pounn**tass*

C'est encore trop long, coupez un peu plus.
Está todavía muy largo, corte un poco más.
*éss**ta** toda**bi**a **mouï** **laR**go **coR**té ounn **po**co mass*

C'est trop court.

Es demasiado corto.

*éss démassi**a**do **coR**to*

Pouvez-vous me faire…	**¿Puede hacerme…**	*pou**é**dé ass**éR**mé*
un brushing ?	**un brochin?**	*ounn **bRo**tchinn*
un chignon ?	**un moño?**	*ounn **mo**gno*
une couleur ?	**un tinte?**	*ounn **tinn**té*
un shampoing ?	**un lavado de cabeza?**	*ounn la**ba**do dé ca**bé**ssa*
un ton plus clair/ foncé ?	**un tono más claro/ oscuro?**	*ounn **to**no mass **cla**Ro/ oss**cou**Ro*

J'aimerais des mèches/ une coloration…	**Quisiera rayitos/ un color…**	*kissi**é**Ra RRa**dji**toss/ ounn co**loR***
auburn.	**caoba.**	*ca**o**ba*
blonde(s).	**rubios/rubio.**	***RRou**bioss/**RRou**bio*
blond cendré.	**rubio ceniza.**	***RRou**bio sé**ni**ssa*
châtain clair.	**castaño claro.**	*cass**ta**gno **cla**Ro*
châtain foncé.	**castaño oscuro.**	*cass**ta**gno oss**cou**Ro*
chocolat.	**chocolate.**	*tchoco**la**té*

À la campagne, à la plage, à la montagne…

Globalement Cuba se compose de cinq zones géographiques avec des paysages de plaine, de montagne, de marécage et des zones côtières. Ainsi, quelles que soient vos préférences pour les activités de plein air, vous trouverez votre bonheur !

Sports et loisirs

Si vous êtes plutôt randonnées pédestres, ou si vous aimez faire du vélo au milieu de la nature, le vocabulaire qui suit vous aidera à parler du paysage qui vous entoure et à y trouver des points de repère :

une auberge	**un hostal /** **un mesón**	ounn oss**tal** / **ou**nn mé**ssonn**
un champ	**un campo**	ounn **cammp**o
un chemin	**un camino**	ounn ca**mi**no
une colline	**una colina**	**ou**na co**li**na
un étang	**un estanque**	ounn éss**tann**ké
une falaise	**un acantilado**	ounn acanntil**la**do
une ferme	**una finca**	**ou**na **finn**ca
un fleuve	**un río**	ounn **RRi**o
une forêt	**un bosque**	ounn **boss**ké
un fossé	**una zanja**	**ou**na **sann**Ha
une grange	**una granja**	**ou**na **gRann**Ha
une grotte	**una cueva**	**ou**na cou**é**ba
un lac	**un lago**	ounn **la**go
un marécage	**una ciénaga**	**ou**na si**é**naga
une montagne	**una montaña**	**ou**na monn**ta**gna
une plantation	**una plantación**	**ou**na planntassi**onn**
un pont	**un puente**	ounn pou**énn**té
un puits	**un pozo**	ounn **po**sso
une route	**una carretera**	ouna caRRé**té**Ra
un village	**un pueblo**	ounn pou**é**blo

Si vous êtes plutôt *plongée sous-marine*, **buceo** *[bousséo]* (masc.), dans *des îlots rocheux*, **cayos** *[cadjoss]*, par exemple, ou plutôt *pêche*, **pesca** *[pésca]*, vous trouverez ci-dessous tous les mots utiles pour vous adonner à votre passion sans complications :

la bouteille	**la botella**	*la botédja*
la canne à pêche	**la caña de pescar**	*la cagna dé pésscaR*
le chausson	**el botín**	*él botinn*
la combinaison	**el traje de buzo**	*él tRaHé dé bousso*
le détendeur	**el regulador**	*él RRégouladoR*
l'épuisette	**el jamo**	*él Hamo*
le filet	**la red**	*la RRéd*
le gant	**el guante**	*él gouannté*
l'hameçon	**el anzuelo**	*él annsouélo*
le leurre	**el señuelo**	*él ségnouélo*
le masque	**la máscara**	*la masscaRa*
le moulinet	**el carrete**	*él caRRété*
la palme	**la pata de rana**	*la pata dé RRana*
la réserve d'air	**la reserva de aire**	*la RRésséRba dé aïRé*
le gilet stabilisateur	**el chaleco estabilizador**	*él tchaléco ésstabilissadoR*
le tuba	**el esnórkel**	*él éssnoRkél*

Peut-on faire de la pêche en mer ?
¿Se puede pescar en el mar?
sé pouédé pésscaR énn él maR

Combien coûte une sortie en mer ?
¿Cuánto cuesta una salida en mar?
couannto couéssta ouna salida énn maR

Combien coûte un forfait d'une journée/d'une semaine de plongée ?
¿Cuánto cuesta el buceo a la jornada/por semana?
*cou**ann**to cou**éss**ta él bou**ssé**o a la Hor**na**da/por sé**ma**na*

Quel niveau avez-vous en plongée ?
¿Qué nivel tiene en buceo?
*ké ni**bél** tié**né** énn bou**ssé**o*

Combien coûte la location...	¿Cuánto cuesta alquilar...	couannto couéssta alkilar
d'un bateau ?	un barco?	ounn barco
d'un moniteur de plongée ?	un monitor de buceo?	ounn monitor dé bousséo
de l'équipement de plongée ?	el equipo de buceo?	él ékipo dé bousséo
du matériel de pêche ?	el material de pesca?	él matérial dé pésca

À la piscine, à la plage

Il n'y a pas vraiment de piscines municipales à Cuba. Chaque secteur économique dépend d'un ministère qui met à la disposition de ses employés des cercles sportifs donnant accès à des piscines et même à certaines plages. Les touristes se rendent quant à eux, dans les piscines des hôtels.

S'il vous plaît, où se trouve la plage ?
¿Por favor, dónde está la playa?
*por fa**bor** **donn**dé éss**ta** la **pla**dja*

Quelle est la température de l'eau ?
¿A qué temperatura está el agua?
*a ké témmpéra**tou**ra éss**ta** él **a**goua*

J'aimerais louer...	**Quisiera alquilar...**	*kissiéra alkilar*
une cabine.	**una cabina.**	*ouna cabina*
un casier.	**una casilla.**	*ouna cassidja*
une chaise longue.	**una tumbona.**	*ouna toummbona*
un parasol.	**un quitasol.**	*ounn kitassol*
une planche de surf.	**una plancha de surf.**	*ouna planntcha dé sorf*

Camper, camping

Si vous ne savez pas vers quel camping vous orienter, choisissez sans hésitation ceux où l'on paie en devises ou en **CUC** plutôt que ceux où l'on paie en monnaie nationale dont le confort est réduit au minimum.

Peut-on camper ici ?
¿Se puede hacer camping aquí?
sé pouédé assér cammpinn aki

Où se trouve le terrain de camping ?
¿Dónde está el terreno de camping?
donndé éssta él téRRéno dé cammpinn

Quel est le prix...	**¿Qué precio...**	*ké préssio*
par jour ?	**por día?**	*por dia*
par personne ?	**por persona?**	*por persona*
pour une caravane ?	**por un tráiler?**	*por ounn traïlér*
pour une tente ?	**por una tienda de campaña?**	*por ouna tiénnda dé cammpagna*
pour une voiture ?	**por un carro?**	*por ounn caRRo*

Si vous campez sous la tente, à la dure, ces quelques termes vous serviront peut-être :

allumettes	**fósforos**	*fossfoROSS*
bouilloire	**hervidor**	*éRbidoR*
boussole	**brújula**	*bROuHoula*
casserole	**cazuela**	*cassouéla*
ciseaux	**tijeras*	*tiHéRass*
corde	**cuerda**	*couéRda*
décapsuleur	**abrebotellas**	*abRébotédjass*
gaz butane	**gas butano**	*gass boutano*
hamac	**hamaca**	*amaca*
lampe torche	**linterna**	*linntéRna*
lit de camp	**catre**	*catRé*
marteau	**martillo**	*maRtidjo*
matelas pneumatique	**balsa**	*balsa*
moustiquaire	**mosquitero**	*mosskitéRO*
ouvre-boîte	**abrelatas**	*abRélatass*
piquet de tente	**estaca de tienda de campaña**	*ésstaca dé tiénnda dé cammpagna*
réchaud	**infiernito**	*innfiéRnito*
sac de couchage	**saco de dormir**	*saco dé doRmiR*
seau	**cubo**	*coubo*
tire-bouchon	**sacacorchos**	*sacacoRtchoss*

Arbres et plantes sauvages

La flore cubaine vous étonnera par sa diversité avec, par exemple, plus de 250 variétés d'orchidées et, dans les zones montagneuses, des essences de bois précieux (ébène, acajou, cèdre). La **mariposa** *[maRipossa]*, délicate fleur blanche, est la fleur nationale à Cuba.

un arbre	**un árbol**	*ounn **aR**bol*
un bambou	**un bambú**	*ounn bamm**bou***
un cocotier	**un cocotero**	*ounn coco**té**Ro*
une fougère	**un helecho**	*ounn é**lé**tcho*
un hibiscus	**un mar pacifico**	*ounn maR pa**ssi**fico*
un jacaranda	**una jacaranda**	***ou**na Haca**Rann**da*
un jagüey (plante tropicale)	**un jagüey**	*ounn Hagou**éï***
un lentisque	**un almácigo**	*ounn al**ma**ssigo*
une orchidée	**una orquídea**	***ou**na oR**ki**déa*
une palme	**una palma**	***ou**na **pal**ma*
un palmier	**una palmera**	***ou**na pal**mé**Ra*
un palmier royal (arbre national)	**una palma real**	***ou**na **pal**ma RRé**al***
un palmier ventru	**una palma barrigona**	***ou**na **pal**ma baRRi**go**na*

Animaux (mammifères, oiseaux, poissons, reptiles)

Cuba compte des espèces animales exotiques comme le colibri-abeille ou colibri d'Hélène. Le **tocororo** est l'oiseau national car ses couleurs rappellent celles du drapeau cubain.

Les mammifères	**Los mamíferos**	*loss mami**fé**Ross*
un agouti	**una jutía**	***ou**na Hou**ti**a*
un chat	**un gato**	*ounn **ga**to*
une chauve-souris	**un murciélago**	*ounn mouRsi**é**lago*
un chien	**un perro**	*ounn **pé**RRo*
un lamantin	**un manatí**	*ounn mana**ti***
un lapin	**un conejo**	*ounn co**né**Ho*
une mule	**una mula**	***ou**na **mou**la*
un porc	**un puerco/cerdo**	*ounn pou**é**Rco/**sé**Rdo*

un taureau	**un toro**	*ounn **to**RO*
une vache	**una vaca**	***ou**na **ba**ca*

Les oiseaux	**Los pájaros**	*loss **pa**HaROSS*
un coq	**un gallo**	*ounn **ga**djo*
un colibri	**un colibrí/ zunzún**	*ounn coli**bRi**/ sounn**sounn***
un colibri-abeille	**un zunzuncito**	*ounn sounnsounn**si**to*
un flamand	**un flamenco**	*ounn fla**ménn**co*
un hibou	**un búho**	*ounn **bou**o*
un oiseau moqueur	**un sinsonte**	*ounn sinn**sonn**té*
un pélican	**un pelícano**	*ounn pé**li**cano*
un perroquet	**una cotorra**	***ou**na co**to**RRa*
une perruche	**un perico**	*ounn pé**Ri**co*
un petit vautour	**una tiñosa**	***ou**na ti**gno**ssa*
une poule	**una gallina**	***ou**na ga**dji**na*
sorte de rapace	**un trogón**	*ounn tRo**gonn***
un tocororo	**un tocororo**	*ounn toco**Ro**RO*

Les poissons et reptiles	**Los peces y reptiles**	*loss **pé**sséss i RRép**ti**léss*
un barracuda	**una barracuda**	***ou**na baRRa**cou**da*
un caïman	**un caimán**	*ounn caï**mann***
un crocodile	**un cocodrilo**	*ounn coco**dRi**lo*
une grenouille	**una rana**	***ou**na **RRa**na*
un iguane	**una iguana**	***ou**na igou**a**na*
un lézard	**un lagarto**	*ounn la**ga**Rto*
un lézard (petit)	**una lagartija**	***ou**na lagaR**ti**Ha*
un manjuari (poisson préhistorique)	**un manjuarí**	*ounn mannHoua**Ri***
un requin	**un tiburón**	*ounn tibou**Ronn***
un serpent	**una serpiente**	***ou**na séRpi**énn**té*

une tortue	**una tortuga**	***ou**na torRtouga*
une tortue de mer	**una caguama**	***ou**na cagou**a**ma*

Insectes

Voici enfin, que vous y soyez allergique ou qu'ils vous passionnent, quelques noms d'insectes.

Les insectes	**Los insectos**	*loss inn**séc**toss*
une abeille	**una abeja**	***ou**na a**bé**Ha*
une araignée	**una araña**	***ou**na aR**a**gna*
un cafard	**una cucaracha**	***ou**na coucaR**a**tcha*
une fourmi	**una hormiga**	***ou**na oR**mi**ga*
une guêpe	**una avispa**	***ou**na a**biss**pa*
une mouche	**una mosca**	***ou**na **moss**ca*
un moustique	**un mosquito**	*ounn moss**ki**to*
un papillon	**una mariposa**	***ou**na maRi**po**ssa*
sorte de petit moustique	**un jején**	*ounn Hé**Hénn***

Hébergement

Vous aurez le choix entre deux types d'hébergement : l'hôtel ou la location de chambres chez l'habitant voire d'un appartement ou d'une maison. Les Cubains qui proposent ce type de location sont tenus d'apposer une vignette sur leur porte.

Réservations d'hôtel

Avant de partir en voyage, il est recommandé de procéder aux réservations des hôtels où vous séjournerez durant votre séjour.

Quel est le prix d'une chambre pour une personne ?

¿Cuánto cuesta una habitación para una persona?

*cou**ann**to cou**éss**ta **ou**na abitassi**onn** **pa**ʀa **ou**na pé**ʀso**na*

J'aimerais réserver une chambre...	**Quisiera reservar una habitación...**	*kissi**é**ʀa RRéssé**ʀbaʀ** **ou**na abitassi**onn***
pour une personne.	**para una persona.**	***pa**ʀa **ou**na pé**ʀso**na*
pour deux, avec deux lits jumeaux.	**para dos, con camas gemelas.**	***pa**ʀa doss conn **ca**mass Hé**mé**lass*
pour deux avec un grand lit.	**para dos, con una gran cama.**	***pa**ʀa doss conn **ou**na gʀann **ca**ma*
pour trois avec un lit bébé.	**para tres, con una cama para bebé.**	***pa**ʀa tʀéss conn **ou**na **ca**ma **pa**ʀa bé**bé***
avec vue sur la forêt/ le jardin/la mer/ la vallée.	**con vista al bosque/ al jardín/al mar/ al valle.**	*conn **bis**ta al **boss**ké/ al Haʀ**dinn**/al maʀ/ al **ba**djé*
sur cour/rue.	**que dé al patio/a la calle.**	*ké dé al **pa**tio/a la **ca**djé*
avec baignoire/ douche.	**con bañadera/ ducha.**	*conn bagna**dé**ʀa/ **dou**tcha*
avec un balcon.	**con un balcón.**	*conn ounn bal**conn***
climatisée.	**con aire acondicionado.**	*conn **a**ïʀé aconndissio**na**do*
pour trois nuits.	**para tres noches.**	***pa**ʀa tʀéss **no**tchéss*
pour une semaine/ un mois.	**para una semana/ un mes.**	***pa**ʀa **ou**na sé**ma**na/ ounn méss*

J'aimerais réserver deux chambres communicantes.

Quisiera reservar dos habitaciones comunicantes.

*kissi**é**ʀa RRéssé**ʀbaʀ** doss abitassi**o**néss comouni**cann**téss*

À la réception

Si vous n'avez pas réservé, les phrases suivantes vous permettront d'obtenir une chambre.

Nous aimerions deux chambres, mais nous n'avons pas réservé.
Deseamos dos habitaciones pero no hemos reservado.
*dësséa**moss doss abitassi**o**néss **pé**RO no **é**moss RRésséRb**a**do*

Pouvons-nous voir la chambre ?
¿Podemos ver la habitación?
*po**dé**moss béR la abitassi**onn***

Elle nous plaît. Nous la prenons.
Nos conviene. La cogemos.
*noss connbi**é**né la co**Hé**moss*

Avez-vous une autre chambre, plus calme ?
¿Tiene otra habitación, más tranquila?
*ti**é**né **o**tRa abitassi**onn** mass tRann**ki**la*

Si vous avez réservé, c'est plus facile :

J'ai réservé une chambre au nom de...
He reservado una habitación a nombre de...
*é RRésséR**ba**do **ou**na abitassi**onn** a **nomm**bRé dé*

Vous entendrez alors :

Voici la clef/la carte magnétique.
Aquí tiene la llave/la carta magnética.
*a**ki** ti**é**né la **dja**bé/la **ca**Rta magg**né**tica*

Vous pourrez toujours ajouter :

J'aimerais être réveillé(e) demain à 7 heures/tous les jours à 7 heures.
Quisiera que me despierten mañana a las siete/todos los días a las siete.
kissiéRa ké mé désspiéRténn magnana a lass siété/todoss loss diass a lass siété.

Vocabulaire des services et du petit-déjeuner

Afin de vous aider à formuler une requête ou à demander un produit spécifique pour le petit-déjeuner, nous vous proposons quelques modèles de phrases ainsi que du vocabulaire, souvent très utile !

S'il vous plaît, pouvez-vous m'apporter… ?
¿Por favor, puede traerme…?
poR faboR pouédé tRaéRmé

S'il vous plaît, où est/sont… ?
¿Por favor, dónde está/están…?
poR faboR donndé éssta/ésstann

Services rendus par l'hôtel

Besoin d'un petit quelque chose en plus ?

une aiguille et du fil	**una aguja e hilo**	*ouna agouHa é ilo*
des cintres	**percheros**	*péRtchéRoss*
du cirage	**betún**	*bétounn*
une/des couverture(s)	**una(s) frazada(s)**	*ouna(ss) fRassada(ss)*
de nouveaux draps	**nuevas sábanas**	*nouébass sabanass*

des enveloppes	**sobres**	***so**bRéss*
un fer à repasser	**una plancha**	***ou**na **plann**tcha*
du savon	**jabón**	*Ha**bonn***
d'autres serviettes (propres)	**más toallas (limpias)**	*mass to**a**djass (**limm**piass)*
du shampoing	**champú**	*tchamm**pou***
un/des stylo(s)	**una(s) pluma(s) / un(os) bolígrafo(s)**	***ou**na(ss) **plou**ma(ss) / ounn/**ou**noss bo**li**gRafo(ss)*

Au petit-déjeuner

Les termes ci-dessous vous permettront de faire de votre petit-déjeuner un véritable festin !

du/(le) beurre	**(la) mantequilla**	*(la) manntéki**dja***
du/(le) café	**(el) café**	*(él) ca**fé***
du/(le) chocolat chaud	**(el) chocolate caliente**	*(él) tchoco**la**té cali**énn**té*
du/(le) citron	**(el) limón**	*(él) li**monn***
de la/(la) confiture	**(la) confitura**	*(la) connfi**tou**Ra*
du/(le) fromage	**(el) queso**	*(él) **ké**sso*
des/(les) fruits	**(las) frutas**	*(lass) **fRou**tass*
un/(le) jus de fruits	**(un) jugo de frutas**	*ounn **Hou**go dé **fRou**tass*
du/(le) miel	**(la) miel**	*(la) mi**él***
des/(les) œufs	**(los) huevos**	*(loss) ou**é**boss*
du/(le) pain	**(el) pan**	*(él) pann*
du/(le) thé	**(el) té**	*(él) té*
des/(les) toasts	**(las) tostadas**	*(lass) toss**ta**dass*

S'il vous manque quelques ingrédients, n'hésitez pas à vous rendre au chapitre « Nourriture ».

En cas de problème...

Vous n'aurez aucun mal à expliquer le problème matériel ou la panne rencontrée en combinant les éléments suivants.

l'abattant	**la tapa del inodoro**	*la* ***ta****pa dél ino****do****RO*
l'/les ampoule(s)	**el/los bombillo(s)**	*él/loss bomm****bi****djo(ss)*
l'armoire	**el escaparate**	*él ésscapa****Ra****té*
la baignoire	**la bañadera**	*la bagna****dé****Ra*
le chauffage	**la calefacción**	*la caléfacsi****onn***
la climatisation	**el aire acondicionado**	*él* ***a****ïRé aconndissio****na****do*
les draps	**las sábanas**	*lass* ***sa****banass*
l'eau chaude/froide	**el agua caliente/fría**	*él* ***a****goua cali****énn****té/****fRi****a*
la/les fenêtre(s)	**la(s) ventana(s)**	*la(ss) bénn****ta****na(ss)*
l'interrupteur	**el chucho**	*él* ***tchou****tcho*
le lavabo	**el lavamanos**	*él laba****ma****noss*
la lampe	**la lámpara**	*la lamm****pa****Ra*
la lumière	**la luz**	*la louss*
la/les prise(s)	**el/los tomacorriente(s)**	*él/loss tomacoRRi****énn****té(ss)*
le/les robinets	**la/las pila(s)**	*la/lass* ***pi****la(ss)*
le tiroir	**la gaveta**	*la ga****bé****ta*
les toilettes	**el inodoro**	*él ino****do****RO*

...est/sont sale(s)/cassé(s)/e(s).

...está/están sucio(s)/a(s)/roto(s)/rota(s).

*éss****ta****/éss****tann*** ***sou****ssio(ss)/a(ss)/****RRo****to(ss)/****RRo****ta(ss)*

...ne marche/marchent pas.

...no funciona/funcionan.

*no founnsi****o****na/founnsi****o****nann*

...est bouché(e).
...está tupido/tupida.
*éss**ta** tou**pi**do/tou**pi**da*

Si de tels problèmes subsistent, passez à la vitesse supérieure !

Puis-je voir le directeur de l'hôtel ?
Deseo ver al director del hotel.
*dé**ssé**o béR al diRéc**toR** dél o**tél***

Nous ne sommes pas contents du tout.
No estamos nada satisfechos.
*no éss**ta**moss **na**da satiss**fé**tchoss*

Régler la note

Le moment est venu pour vous de rentrer ou de changer de nid cubain, voici les meilleures formules pour prendre congé de vos hôtes... sans laisser d'ardoise !

Puis-je avoir ma note, s'il vous plaît ?
¿Puede darme mi cuenta, por favor?
*pou**é**dé **daR**mé mi cou**énn**ta poR fa**boR***

Pouvez-vous nous établir une facture détaillée ?
¿Puede establecernos una factura detallada?
*pou**é**dé ésstablé**sséR**noss **ou**na fac**tou**Ra déta**dja**da*

Nourriture

Abordons à présent la nourriture et les principales spécialités culinaires cubaines. Depuis quelque temps, de nombreux petits restaurants ainsi que des vendeurs de snacks (hot-dogs, petits sandwiches, **croquetas** *[cRokétass]*) fleurissent dans les rues.

Au restaurant

Cuba compte des restaurants d'État, des restaurants privés qui appartiennent à des sociétés mixtes (cubaines et étrangères – généralement espagnoles) et des *restaurants chez l'habitant* ou **paladares** *[paladaRéss]*. Ces derniers servent souvent une très bonne cuisine *créole*, **criolla** *[cRiodja]*.

apéritif	**aperitivo**	*apéRitibo*
déjeuner (nom)	**almuerzo**	*almouéRso*
dessert	**postre**	*posstRé*
digestif	**digestivo / licor**	*diHésstibo / licoR*
dîner (nom)	**comida**	*comida*
entrée	**entrada / entrante**	*énntRada / énntRannté*
plat principal	**plato de resistencia**	*plato dé RRéssissténnsia*
salade	**ensalada**	*énnsalada*

Pouvez-vous m'indiquer un bon paladar ?
¿Puede indicarme un buen paladar?
pouédé inndicaRmé ounn bouénn paladaR

Nous avons réservé une table pour deux au nom de…
Tenemos reservado una mesa para dos a nombre de…
ténémoss RRésséRbado ouna méssa paRa doss a nommbRé dé

Nous n'avons pas réservé.
No hemos reservado.
*no **é**moss RRésséRbado*

Serveur/Serveuse, s'il vous plaît…
Camarero/a, por favor…
*cama**Ré**Ro/a poR fa**boR***

Pouvez-vous m'apporter…	**¿Puede traerme…**	*pou**é**dé tRa**é**Rmé*
une assiette ?	**un plato?**	*ounn **pla**to*
une bouteille ?	**una botella?**	***ou**na bo**té**dja*
une coupe ?	**una copa?**	***ou**na **co**pa*
un couteau ?	**un cuchillo?**	*ounn cou**tchi**djo*
une cuillère ?	**una cuchara?**	***ou**na cou**tcha**Ra*
une fourchette ?	**un tenedor?**	*ounn téné**doR***
le menu/la carte ?	**el menú?**	*él mé**nou***
une nappe ?	**un mantel?**	*ounn mann**tél***
une serviette ?	**una servilleta?**	***ou**na séRbi**djé**ta*
une tasse ?	**una taza?**	***ou**na **ta**ssa*
un verre ?	**un vaso?**	*ounn **ba**sso*

Je n'ai pas commandé cela.
No he pedido eso.
*no é pé**di**do **é**sso*

La viande n'est pas assez cuite.
La carne no está bien cocinada.
*la **caR**né no éss**ta** bi**énn** cossi**na**da*

Le repas est froid.
La comida está fría.
*la co**mi**da éss**ta** **fRi**a*

J'ai une réclamation à faire.
Tengo una queja.
*té**nn**go **ou**na **ké**Ha*

L'addition, s'il vous plaît.
La cuenta, por favor.
*la cou**é**nnta poR fa**boR***

Spécialités et plats traditionnels

Voici quelques plats et spécialités cubaines à déguster lors de votre séjour...

Ajiaco : ragoût de pommes de terre, taro, igname, banane plantain verte, maïs, viande de porc ou de bœuf.

Arroz con frijoles negros, yuca y lechón asado : riz avec des haricots noirs (bouillis dans une sauce épaisse faite d'haricots mixés et d'épices), manioc et cochon de lait rôti.

Arroz con pollo : poulet avec du riz, des oignons, de l'huile d'olive, de l'origan, des feuilles de laurier, de la sauce tomate, des petits-pois, du poivron rouge, de la bière, du safran.

Arroz congrí : riz, haricots rouges, viande, bacon, poivron rouge, origan, ail, cumin.

Cascos de guayaba : goyaves pelées, coupées en deux, épépinées, bouillies dans de l'eau avec de la cannelle et du sucre.

Croquetas : pâte farineuse avec des petits morceaux de viande ou de poisson que l'on enveloppe de chapelure et d'œuf avant de la faire frire.

Frijoles negros : ail, haricots noirs, poivrons verts, huile, coriandre, oignons, feuille de laurier.

Fufú : purée de bananes plantain bouillies, accompagnée d'un **mojo**.

Judías : haricots blancs, chorizo, cumin, oignons, sauce tomate, os à moelle, boudin (et souvent potiron).

Picadillo : viande (de bœuf) hachée, ail, oignons, piment de cayenne, cumin, origan, olives et/ou raisins secs, câpres (et poivron vert).

Plátanos a puñetazos/tostones : banane plantain verte coupée en morceaux qui sont frits puis écrasés d'un *coup de poing*.

Potaje : potage fait de haricots (noirs, rouges, blancs), lentilles, pois cassés ou pois chiches.

Puerco asado : porc rôti, ail, origan, sel, jus d'orange amère.

Ropa vieja : viande bouillie avec des carottes, oignons, céleri, purée de tomates, **sofrito**.

Tamal en cazuela : maïs râpé cuit avec assaisonnement que l'on sert avec de la viande de porc.

Tamal : maïs râpé, cuit à la vapeur dans des feuilles de maïs, assaisonnement.

Vocabulaire des mets et produits

Les viandes

agneau	**cordero**	*COR**dé**RO*
bœuf	**res**	*RRéss*
canard	**pato**	***pa**to*
cuisse	**muslo**	***mouss**lo*
cochon de lait	**lechón**	*lé**tchonn***
côtelette	**chuleta**	*tchou**lé**ta*
dinde	**pavo**	***pa**bo*
foie	**hígado**	***i**gado*
jambon	**jamón**	*Ha**monn***
lapin	**conejo**	*co**né**Ho*
lard	**tocino**	*to**ssi**no*

poulet	**pollo**	**po**djo
saucisses	**salchichas**	sal**tchi**tchass
steak	**bistec**	biss**ték**
veau	**ternero**	téR**né**RO
viande	**carne**	**ca**Rné

Les poissons et les crustacés

calamars	**calamares**	cala**ma**Réss
crabe	**cangrejo**	cann**gRé**Ho
crevettes	**camarones**	cama**Ro**néss
espadon	**aguja**	a**gou**Ha
fruits de mer	**mariscos**	maR**iss**coss
langouste	**langosta*	lann**goss**ta
morue	**bacalao**	baca**la**o
pagre (voisin de la dorade)	**pargo**	**pa**Rgo
poisson	**pescado**	péss**ca**do
poulpe	**pulpo**	**poul**po
sardine	**sardina**	saR**di**na
saumon	**salmón**	sal**monn**
thon	**atún**	a**tounn**
truite	**trucha**	**tRou**tcha

Les légumes, les végétaux et les féculents

avocat	**aguacate**	agoua**ca**té
carottes	**zanahorias**	sana**o**Riass
concombre	**pepino**	pé**pi**no
courge	**calabaza**	cala**ba**ssa
gombo	**quimbombó**	kimmbomm**bo**
haricots	**frijoles**	fRi**Ho**léss
laitue	**lechuga**	lé**tchou**ga
lentilles	**lentejas**	lénn**té**Hass

légumes	**viandas**	*bi**ann**dass*
maïs	**maíz**	*ma**ïss***
manioc	**yuca**	***djou**ca*
petits-pois	**petipuá**	*pétipou**a***
pois cassés	**chícharos**	***tchi**tchaRoss*
pois chiches	**garbanzos**	*gaR**bann**soss*
pommes de terre	**papas**	***pa**pass*
frites	**papas fritas**	***pa**pass **fRi**tass*
riz	**arroz**	*a**RRoss***
salade	**ensalada**	*énnsa**la**da*
taro	**malanga**	*ma**lann**ga*
tomate	**tomate**	*to**ma**té*

Les fruits

amande	**almendra**	*al**ménn**dRa*
ananas	**piña**	***pi**gna*
anone	**anón / chirimoya**	*a**nonn** / tchiRi**mo**dja*
banane	**plátano**	***pla**tano*
cacahuète	**maní**	*ma**ni***
corossol	**guanábana**	*goua**na**bana*
goyave	**guayaba**	*gou**dja**ba*
mangue	**mango**	***mann**go*
noix de coco	**coco**	***co**co*
orange	**naranja**	*naR**ann**Ha*
pamplemousse	**toronja**	*toR**onn**Ha*
papaye	**fruta bomba**	***fRou**ta **bomm**ba*
pastèque	**melón de agua**	*mé**lonn** dé **a**goua*
quenettier	**mamoncillo**	*mamonn**si**djo*
raisins secs	**pasas**	***pa**ssass*
sapote	**mamey**	*ma**méï***
tamarin	**tamarindo**	*tamaR**inn**do*

Les épices, les condiments et les assaisonnements

ail	**ajo**	*aHo*
basilic	**albahaca**	*albaaca*
cannelle	**canela**	*canéla*
citron	**limón**	*limonn*
coriandre	**culantro*	*coulanntro*
cumin	**comino**	*comino*
huile	**aceite**	*asséïté*
feuille de laurier	**hoja de laurel**	*oHa dé laourél*
mayonnaise	**mayonesa**	*madjonéssa*
moutarde	**mostaza**	*mosstassa*
oignon	**cebolla**	*sébodja*
origan	**orégano**	*orégano*
persil	**perejil**	*péréHil*
piment	**pimiento**	*pimiénnto*
poivre	**pimienta**	*pimiénnta*
poivron	**ají pimiento**	*aHi pimiénnto*
roucou	**bijol**	*biHol*
safran	**azafrán**	*assafrann*
sel	**sal**	*sal*
sucre	**azúcar**	*assoucar*
vinaigre	**vinagre**	*binagré*

Autres mets

hamburger	**hamburguesa**	*ammbourguéssa*
hot-dog	**perro caliente**	*péRRo caliénnté*
œufs	**huevos**	*ouéboss*
œufs durs	**huevos duros**	*ouéboss douross*
œufs brouillés	**revoltillo**	*RRéboltidjo*
œufs sur le plat	**huevos fritos**	*ouéboss fritoss*

omelette	**tortilla**	*toR**ti**dja*
pain	**pan**	*pann*
pizza	**pizza**	***pi**ssa*
sandwich	**sándwich / bocadito**	***sann**douitch / boca**di**to*
soupe	**sopa**	***so**pa*
spaghettis	**espagueti**	*ésspa**gué**ti*
toast	**tostada**	*toss**ta**da*
tourte / chausson fourré	**empanada**	*émmpa**na**da*

Les fromages

Cuba n'est pas un pays à fromages, vous n'en trouverez donc pas une grande variété.

fromage kiri®	**queso crema**	***ké**sso **cRé**ma*
fromage vache qui rit®	**queso proceso**	***ké**sso pRo**ssé**sso*
ricotta (espèce de ~)	**queso blanco**	***ké**sso **blann**co*
édam (sorte d'~)	**queso amarillo**	***ké**sso amaR**i**djo*
fromage de chèvre	**queso de cabra**	***ké**sso dé **ca**bRa*

Les desserts

crème dessert	**natilla**	*na**ti**dja*
crème renversée (au potiron)	**flan (de calabaza)**	*flann (dé cala**ba**ssa)*
confiture de lait/ de papaye	**dulce de leche/ de fruta bomba**	***doul**sé dé **lé**tché/ dé **fRou**ta **bomm**ba*
gâteau à la crème	**cake de nata**	***ké**ïk dé **na**ta*
glace	**helado**	*é**la**do*
noix de coco râpée	**coco rallado**	***co**co RRa**dja**do*
pain perdu	**torreja**	*to**RRé**Ha*
pâte de goyave	**barra de guayaba**	***ba**RRa dé goua**dja**ba*

quatre-quarts	**gaceñiga**	*gassé**gni**ga*
riz au lait	**arroz con leche**	*a**RRoss** conn **lé**tché*
tarte/tourte à la goyave	**pastel de guayaba**	*pass**tél** dé goua**dja**ba*

Façons de préparer les plats et sauces

Les façons de préparer les plats

à la vapeur	**al vapor**	*al ba**poR***
cuit au four	**cocido al horno**	*co**ssi**do al **oR**no*
farci	**relleno**	*RRé**djé**no*
frit	**frito**	***fRi**to*
fumé	**ahumado**	*aou**ma**do*
cuit au grill	**a la parilla**	*a la pa**RRi**dja*
haché	**molido**	*mo**li**do*
mariné	**escabeche**	*ésscab**bé**tché*
rôti	**asado**	*a**ssa**do*

Et pour la viande :

saignante	**casi cruda**	***ca**ssi **cRou**da*
à point	**mediana**	*médi**a**na*
bleue	**azul**	*a**ssul***
bien cuite	**bien cocinada**	*bi**énn** cossi**na**da*

Les sauces

Mojo : huile chaude, ail, jus d'orange amère, sel.

Sofrito : ail, oignon, (poivron), purée de tomates, huile, feuille de laurier, origan.

Boissons

Les boissons alcoolisées

Profitez de votre séjour à Cuba pour goûter les différents cocktails à base de rhum comme le **Cuba libre** *[couba libRé]*, le **Mojito** *[moHito]*, le **Havana Special** *[abana ésspéssial]*, le **Ron Collins** *[RRonn colinnss]* et la **Mulata** *[moulata]*.

J'aimerais...	**Quisiera...**	*kissiéRa*
une bière.	**una cerveza.**	*ouna séRbéssa*
une boisson.	**una bebida.**	*ouna bébida*
un cocktail.	**un coctel.**	*ounn coktél*
du vin blanc/rouge/ rosé.	**vino blanco/tinto/ rosado.**	*bino blannco/tinnto/ RRossado*

À ta/votre santé !
¡Salud!
salou(d)

Les boissons sans alcool

J'aimerais...	**Quisiera...**	*kissiéRa*
un café (au lait).	**un café (con leche).**	*ounn café (conn létché)*
un café avec très peu de lait.	**un cortadito.**	*ounn coRtadito*
un café expresso.	**un expreso.**	*ounn ékspRésso*
un chocolat chaud.	**un chocolate caliente.**	*ounn tchocolaté caliénnté*
de l'eau.	**agua.**	*agoua*
une eau minérale.	**agua mineral.**	*agoua minéRal*
une eau pétillante.	**agua gaseosa.**	*agoua gasséossa*
un granité.	**un granizado.**	*ounn gRanissado*
un jus de canne à sucre.	**un guarapo.**	*ounn gouaRapo*

un jus de fruits (d'ananas, d'orange, de tomate).	**un jugo de frutas (de piña, de naranja, de tomate).**	*ounn **Hou**go dé **fRou**tass (dé **pi**gna dé naRannHa dé to**ma**té)*
une limonade.	**una limonada.**	***ou**na limo**na**da*
un milk shake.	**un batido.**	*ounn ba**ti**do*
un soda.	**un refresco.**	*ounn RRé**fRéss**co*

Achats et souvenirs

L'utilisation des cartes de crédit n'est pas très répandue chez les Cubains. Toutefois, vous pourrez utiliser vos cartes Visa et/ou MasterCard dans la plupart des magasins pour régler vos achats.

Magasins et services

Les magasins sont, sauf de rares exceptions, ouverts de 10 heures à 17 heures du lundi au samedi. Le dimanche, ils ferment à 13 heures.

S'il vous plaît, je cherche...	**Por favor, estoy buscando...**	*poR fa**boR** éss**toï** bouss**cann**do*
une banque.	**un banco.**	*ounn **bann**co*
une boucherie.	**una carnicería.**	***ou**na caRnissé**Ria***
une boulangerie.	**una panadería.**	***ou**na panadé**Ria***
le centre commercial.	**el centro comercial.**	*él **sénn**tRo coméRsi**al***
un coiffeur (pour dames)/(pour hommes).	**una peluquería/ un barbero.**	***ou**na pélouké**Ria**/ ounn baR**bé**Ro*
un cordonnier.	**un zapatero.**	*ounn sapa**té**Ro*
un horloger.	**un relojero.**	*ounn RRélo**Hé**Ro*
un institut de beauté.	**un instituto de belleza.**	*ounn innsti**tou**to dé bé**djé**ssa*
une librairie.	**una librería.**	***ou**na libRé**Ria***
une laverie automatique.	**un lavatín.**	*ounn laba**tinn***

un marché.	**un mercado.**	*ounn mé*RCado
une poissonnerie.	**una pescadería.**	***ou****na pésscadé*Ria
une teinturerie.	**una tintorería.**	***ou****na tinnto*RéRia

Vous voici dans un magasin ! N'hésitez pas à utiliser les expressions suivantes pour vous adresser au vendeur ou à la vendeuse.

Je ne fais que regarder.
Estoy simplemente mirando.
*éss**toï** simmplé**ménn**té mi**Rann**do*

Avez-vous quelque chose de moins cher ?
¿Tiene algo más barato?
*ti**é**né **al**go mass ba**Ra**to*

Combien coûte ceci ?
¿Cuánto cuesta esto?
*cou**ann**to cou**éss**ta **éss**to*

Je le prends. C'est pour offrir.
Está bien. Es para regalo.
*éss**ta** bi**énn** éss **pa**Ra RRé**ga**lo*

Acceptez-vous les cartes de crédit ?
¿Acepta las tarjetas de crédito?
*as**sép**ta lass ta*R***Hé**tass dé* **CRé***dito*

Si vous payez en espèces, et plus particulièrement en **CUC**, faites bien attention à la monnaie que l'on vous rend – la valeur des billets en monnaie nationale est sensiblement moins élevée !

Vous ne m'avez pas rendu la monnaie correctement.
No me ha dado bien el vuelto.
*no mé a **da**do bi**énn** él bou**él**to*

Livres, revues, journaux, musique

C'est surtout dans les hôtels que vous trouverez des revues et des journaux en français. En ce qui concerne la musique, les *magasins de musique* ou **casas de la música** *[**ca**ssass dé la **mou**ssica]* disposent d'assez peu de disques. Toutefois ils valent le détour car vous verrez souvent des groupes s'y produire.

Vendez-vous...	**¿Vende...**	***bénn**dé*
des revues/magazines ?	**revistas?**	*RRé**biss**tass*
des livres en français ?	**libros en francés?**	***li**bross énn frann**séss***
un dictionnaire français-espagnol ?	**un diccionario francés-español?**	*ounn dicsio**na**rio frann**séss** ésspa**gnol***
ce type d'ouvrages ?	**este tipo de libros?**	***éss**té **ti**po dé **li**bross*

Avez-vous des disques de son/salsa/rumba/hip-hop/timba/rap/techno ?
¿Tiene discos de son/salsa/rumba/hip-hop/timba/rap/techno?
*tiéné **diss**coss dé sonn/**sal**sa/**RRoumm**ba/Hip Hop/**timm**ba/RRap/**téc**no*

Blanchisserie, teinturerie

En plus des teintureries traditionnelles, vous trouverez des laveries automatiques. Il en existe deux sortes : celles où l'on paye en **CUC** et celles où se rendent les Cubains, de moins bonne qualité, où l'on utilise la monnaie nationale.

J'ai quelques vêtements à...	**Tengo alguna ropa que...**	*ténngo algouna RRopa ké*
faire laver.	**lavar.**	*labaR*
faire nettoyer.	**limpiar.**	*limmpiaR*
faire repasser.	**planchar.**	*planntchaR*

Pouvez-vous enlever cette tache ?
¿Puede quitar esta mancha?
pouédé kitaR éssta manntcha

Ce sera prêt pour quel jour ?
¿Para cuándo estará?
paRa couanndo ésstaRa

Vêtements et chaussures

Les vêtements

Les tailles des vêtements cubains diffèrent légèrement de certaines tailles européennes. La taille des chemises est indiquée exclusivement avec des lettres (S, M, L, XL et XXL). Pour les pantalons, deux systèmes cohabitent : les **pulgadas** *[poulgadass]* ou *pouces* (26", 28", 30", etc.) ou d'autres chiffres 8/9, 9/10, 10/11, etc. Par exemple, une taille 26" ou 8/9 équivaut à un 34 en France. N'hésitez pas à vous référer aux rabats pour revoir les chiffres et les nombres.

Je fais une taille...
Mi talla es...
mi tadja éss

J'aimerais l'essayer.
Quisiera probármelo/la.
kissiéRa pRobaRmélo/la

J'aimerais acheter quelque chose comme ceci.
Quisiera comprar algo como esto.
kissiéRA comPRAR algo como éssto

Pour être parfaitement à l'aise dans les magasins, tout comme dans les teintureries, nous vous proposons quelques termes incontournables !

Je cherche…	**Estoy buscando…**	*éssstoï bousscanndo*
des collants.	**pantis.**	*panntiss*
un bikini.	**un bikini.**	*ounn bikini*
une casquette.	**una gorra.**	*ouna goRRa*
un chapeau.	**un sombrero.**	*ounn sommBRÉRO*
des chaussettes.	**medias.**	*médiass*
une chemise.	**una camisa.**	*ouna camissa*
un chemisier.	**una blusa.**	*ouna bloussa*
un costume.	**un traje.**	*ounn TRaHé*
une cravate.	**una corbata.**	*ouna CORbata*
une culotte.	**un blúmer.**	*ounn bloumé**R*
une jupe.	**una saya.**	*ouna sadja*
de la lingerie.	**ropa interior.**	*RRopa inntéRIOR*
un maillot de bain.	**una trusa.**	*ouna TRoussa*
un manteau.	**un abrigo.**	*ounn aBRigo*
un manteau de pluie.	**una capa de agua.**	*ouna capa dé agoua*
un pantalon.	**un pantalón.**	*ounn panntalonn*
un pull.	**un suéter.**	*ounn souété**R*
un pyjama.	**un piyama/payama.**	*ounn pidjama/padjama*
une robe.	**un vestido.**	*ounn bésstido*
un short.	**un short.**	*ounn tchoR*
un slip/caleçon.	**un calzoncillo.**	*ounn calsonnsidjo*
un soutien-gorge.	**un ajustador.**	*ounn aHousstadoR*

Les chaussures

Encore une fois, vous ferez la différence entre les **peleterías** *[pélétéRiass]*, *magasins de chaussures*, pour touristes et les magasins d'État où l'on paie en monnaie nationale et dont le choix et la qualité sont assez restreints. Cependant, depuis la libération de l'économie, de petits commerçants s'installent sur les trottoirs et vendent des produits chers mais de meilleure qualité.

Je fais une pointure...
Tengo una talla...
ténngo ouna tadja

C'est trop grand/petit/étroit/large.
Es muy grande/chiquito/apretado/ancho.
éss mouï gRanndé/tchikito/apRétado/anntcho

Je cherche...	**Estoy buscando...**	*éSStoï bousscanndo*
des chaussures de sport.	**zapatos de deporte.**	*sapatoss dé déporté*
des escarpins.	**zapatos de tacón.**	*sapatoss dé taconn*
des sandales.	**sandalias.**	*sanndaliass*
des tongues.	**chancletas.**	*tchannclétass*

Bureau de tabac

Les Cubains ont toujours recours au marché noir pour s'approvisionner en cigarettes et cigares puisque les *tickets de rationnement* ou **libreta** *[libRéta]* sont encore d'actualité. Toutefois, les touristes trouveront ce type de produits dans les hôtels ou à la **Casa del Habano** *[cassa dél abano]*, *maison du tabac*, située dans le Vieux Havane.

Je voudrais...	**Quisiera...**	*kissiéRa*
une boîte d'allumettes/de cigares.	**una caja de fósforos/tabacos.**	*ouna caHa dé fossfoRoss/tabacoss*
un briquet.	**una fosforera.**	*ouna fossfoRéRa*
un cigare.	**un tabaco.**	*ounn tabaco*
un paquet de cigarettes blondes/ brunes.	**un paquete de cigarros suaves/ fuertes.**	*ounn pakété dé sigaRRoss souabéss/ fouéRtéss*

Photo

Il y a encore de nombreux appareils argentiques à Cuba. Dans les rares magasins de photo, des appareils numériques font cependant leur apparition et il est possible de faire développer des photos et de les imprimer.

Combien prenez-vous pour développer cette pellicule/pour imprimer ces photos ?
¿Cuánto me cobra por revelar este rollo/imprimir estas fotos?
couannto mé cobRa poR RRébélaR ésstè RRodjo/immpRimiR ésstass fotoss

J'ai besoin...	**Necesito...**	*nésséssito*
d'une batterie.	**una pila.**	*ouna pila*
d'une carte mémoire.	**una tarjeta memoria.**	*ouna taRHéta mémoRia*
d'une pellicule 200/400 ASA.	**una película de 200/400 asa.**	*ouna pélicoula dé 200/400 assa*

Provisions

Les Cubains s'approvisionnent en denrées de base dans les marchés ou auprès de petits vendeurs qui disposent leurs étals dans les rues. La nourriture quotidienne se composant ainsi de très peu de viande rouge (surtout de la viande de porc et du poulet) et de poisson, d'un peu de riz et de haricots. Les produits manufacturés sont vendus en **CUC** dans les magasins et dans les centres commerciaux. Les produits que nous vous indiquons ci-après sont surtout ceux que les touristes peuvent acheter puisqu'ils disposent de devises et de **CUC**.

Les provisions alimentaires

Voyez le chapitre « Nourriture » pour compléter le vocabulaire ci-dessous.

biscuits	**galleticas**	*gadjé**ti**cass*
biscuits secs	**galletas**	*ga**djé**tass*
boîte de conserve	**lata de conserva**	***la**ta dé conn**sé**Rba*
bonbons	**caramelos**	*caRa**mé**loss*
chips	**papitas chips**	*pa**pi**tass tchipss*
chocolat (tablette de ~)	**chocolate (tableta de ~)**	*tchoco**la**té (ta**blé**ta dé)*
gâteaux	**dulces**	***doul**séss*
farine	**harina**	*aR**i**na*
lait	**leche**	***lé**tché*
pain	**pan**	*pann*
tisane	**cocimiento**	*cossimi**énn**to*

Les produits de toilette et accessoires

brosse à cheveux	**cepillo de cabeza**	*sé**pi**djo dé ca**bé**ssa*
brosse à dents	**cepillo de dientes**	*sé**pi**djo dé di**énn**téss*
coton à démaquiller	**algodón para la cara**	*algo**donn pa**Ra la **ca**Ra*
coupe-ongle	**corta uñas**	***coR**ta **ou**gnass*
crème à raser	**crema de afeitar**	***cRé**ma dé aféï**taR***
crème de jour/nuit	**crema de día/noche**	***cRé**ma dé **di**a/**no**tché*
crème solaire	**crema de sol**	***cRé**ma dé sol*

dentifrice	**pasta de dientes**	***pass**ta dé di**énn**téss*
déodorant	**desodorante**	*déssodo**Rann**té*
dissolvant	**acetona**	*assé**to**na*
épingles à cheveux	**ganchos**	***gann**tchoss*
gel douche	**gel ducha**	*Hél **dou**tcha*
lait démaquillant	**loción para limpiarse la cara**	*lossi**onn pa**Ra limmpi**aR**sé la **ca**Ra*
lime à ongles	**lima de uñas**	***li**ma dé **ou**gnass*
lotion après rasage	**loción para después del afeitado**	*lossi**onn** para désspou**éss** dèl aféï**ta**do*
maquillage	**maquillaje**	*maki**dja**Hé*
papier hygiénique	**papel higiénico**	*pa**pél** iHi**é**nico*
parfum	**perfume**	*péR**fou**mé*
peigne	**peine**	***pé**ïné*
pince à épiler	**pinza de cejas**	***pinn**sa dé **sé**Hass*
rasoir	**navaja**	*na**ba**Ha*
savon	**jabón**	*Ha**bonn***
shampooing	**champú**	*tchamm**pou***

Souvenirs

Parmi les souvenirs incontournables à rapporter de Cuba figurent la boîte de cigares et la bouteille de rhum Havana Club, qu'il vaut mieux acheter dans les magasins officiels plutôt qu'à des vendeurs à la sauvette. Ils risqueraient de vous vendre des produits de moindre qualité.

artisanat	**artesanía**	*aRtéssa**nia***
cave à cigares	**casa del tabaco**	***ca**ssa dél ta**ba**co*
chapeau de paille	**sombrero de paja**	*somm**bRé**Ro dé **pa**Ha*
claquettes	**chancletas**	*tchann**clé**tass*
coupe-cigare	**corta tabaco**	***coR**ta ta**ba**co*

dentelle	**encaje**	*énn**ca**Hé*
drapeau	**bandera**	*bann**dé**ʀa*
écusson	**escudo**	*éss**cou**do*
Guayabera (chemise traditionnelle masculine)	**guayabera**	*gouadja**bé**ʀa*
maracas	**maracas**	*maʀ**a**cass*
pyrogravure	**pirograbado**	*piʀogʀa**ba**do*
rhum 3/ 5/7 ans d'âge	**ron añejo 3/ 5/7 años**	*RRonn a**gné**Ho tʀéss/ **sinn**co/sié**té** **a**gnoss*
sculpture en bois	**escultura de madera**	*ésscoul**tou**ʀa dé ma**dé**ʀa*
statuette en bois	**estatuilla de madera**	*éss**ta**touï**dja** dé ma**dé**ʀa*
tee-shirt	**pulóver**	*pou**lo**béʀ*

Rendez-vous professionnels

Cuba s'ouvre petit à petit au monde économique. Vous trouverez ainsi trois types d'entreprises : les entreprises d'État, les entreprises mixtes (composées de personnel cubain et de capitaux étrangers) et les entreprises privées qui appartiennent exclusivement aux étrangers. Tout étranger qui souhaite établir une entreprise à Cuba doit au préalable obtenir l'accord du ministère en rapport avec son type d'activité.

Fixer un rendez-vous

Ces quelques phrases vous accompagneront efficacement si vous souhaitez fixer un rendez-vous professionnel.

S'il vous plaît, j'aimerais prendre rendez-vous avec…
Por favor, quisiera una entrevista con…
*poʀ fa**boʀ** kissi**é**ʀa **ou**na enntʀé**biss**ta conn*

Le directeur peut vous recevoir mardi prochain, à 10 heures.
El director puede recibirlo/recibirla el martes próximo, a las diez.
él diréctor pouédé RRéssibirlo/RRéssibirla él martéss proksimo a lass diéss

Vous pouvez m'adresser un courriel si le rendez-vous est modifié ?
¿Me puede enviar un email si la entrevista es modificada?
mé pouédé énnbiar ounn iméïl si la énntrébissta éss modificada

Je suis joignable à ce numéro de téléphone tous les jours vers...
Me puede contactar a este número de teléfono todos los días a eso de...
mé pouédé conntactar a éssté nouméro dé téléfono todoss loss diass a ésso dé

Visiter l'entreprise

Si vous voulez faire du commerce à Cuba, vous serez peut-être amené à visiter une entreprise.

Quel type de services proposez-vous ?
¿Cuáles son los servicios que usted propone?
coualéss sonn loss sérbissioss ké ousst é proponé

Quel type de machines utilisez-vous ?
¿Qué tipo de máquina utiliza usted?
ké tipo dé makina outilissa ousst é

Quelle est la taille de votre entreprise/stock ?
¿Qué tamaño tiene su empresa/almacén?
ké tamagno tiéné sou émmpréssa/almasssénn

Auriez-vous un échantillon de ce produit ?
¿Tendría una muestra de este producto?
ténndRia ouna mouésstRa dé ésste pRodoucto

Vocabulaire d'entreprise

Le vocabulaire ci-après englobe, dans la mesure du possible, les différentes situations auxquelles vous pourriez être confronté si vous êtes en voyage d'affaires.

Présentation de projets et Internet

contacts	**contactos**	*conntactoss*
courriel/e-mail	**email**	*iméïl*
diagramme	**diagrama**	*diagRama*
diapositives/slides	**diapositivas**	*diapossitibass*
lien Internet	**vínculo Internet**	*binncoulo inntéRnétt*
ordinateur	**computadora**	*commpoutadoRa*
réseau	**red**	*RRéd*
schéma	**esquema**	*ésskéma*
page Internet	**página Internet**	*paHina inntéRnétt*
tableau	**cuadro**	*couadRo*
vidéoprojecteur	**video proyector**	*bidéo pRodjéctoR*

Personnel, équipe dirigeante et bureau

bureau	**oficina**	*ofissina*
chef d'équipe	**capataz**	*capatass*
chef de projet	**jefe de proyecto**	*Héfé dé pRodjécto*
département	**departamento**	*dépaRtaménnto*
directeur	**director**	*diRéctoR*
manager	**gerente**	*HéRénnté*
personnel	**plantilla**	*planntidja*

salarié	**empleado**	*émmpléado*
salle de réunion	**sala de reunión**	*sala dé RRéounionn*
secrétaire	**secretaria**	*sécRétaRia*
temps complet	**jornada entera**	*HoRnada énntéRa*
temps partiel	**media jornada**	*média HoRnada*

Affaires et commerce

accord	**acuerdo**	*acouéRdo*
affaires	**negocios**	*négossioss*
assurance	**seguro**	*ségouRo*
bénéfices	**beneficios**	*bénéfissioss*
brevet	**patente**	*paténnté*
budget	**presupuesto**	*pRéssoupouéssto*
chiffre d'affaires	**volumen de negocios**	*bolouménn dé négossioss*
commandes	**pedidos**	*pédidoss*
commerce	**comercio**	*coméRsio*
coût	**costo**	*cossto*
entrepôt/hangar	**almacén**	*almassénn*
entreprise	**empresa**	*émmpRéssa*
exportateur	**exportador**	*ékspoRtadoR*
formalités douanières	**trámites de aduana**	*tRamitéss dé adouana*
fournisseur	**proveedor**	*pRobéédoR*
frais	**gastos**	*gasstoss*
importateur	**importador**	*immpoRtadoR*
livraison	**entrega**	*énntRéga*
paiement	**pago**	*pago*
prix au détail/ de gros	**precio al por menor/ mayor**	*pRéssio al poR ménoR/ madjoR*
quota	**cuota**	*couota*
résilier un contrat	**anular un contrato**	*anoulaR ounn conntRato*
services	**servicios**	*séRbissioss*

signature	**firma**	***fi**Rma*
sous-traitant	**subcontratista**	*soubconntRa**tiss**ta*
transporteur	**portador**	*poRta**doR***

Salons et expositions

À la Havane, le **Pabexpo** est un parc d'expositions qui accueille des congrès, des expositions et des salons internationaux comme le salon de l'informatique (**Informática Cuba**) ou encore le salon annuel **FIART** (**Feria Internacional de Artesanía**), consacré à l'artisanat de toute l'Amérique latine.

Je suis exposant ici pour le compte de...
Soy expositor aquí para...
***soï** ekspossi**toR** a**ki** **pa**Ra*

Avez-vous un site Internet ?
¿Tiene una página Internet?
*ti**é**né **ou**na **pa**Hina inntéR**nétt***

Petit lexique des salons et expositions

affiche	**anuncio**	*a**nounn**sio*
allée	**pasillo**	*pa**ssi**djo*
artisanat	**artesanía**	*aRtéssa**nia***
auditorium	**auditorio**	*aoudi**to**Rio*
badge	**insignia**	*inn**sigg**nia*
conférence	**conferencia**	*connféR**énn**sia*
convention	**convenio**	*conn**bé**nio*
exposant	**expositor**	*ékspossi**toR***
foire	**feria**	***fé**Ria*
panneau publicitaire	**valla publicitaria**	***ba**dja poublissi**ta**Ria*

parc/salon d'exposition	**parque/salón de exposiciones**	*parké/salonn dé ékspossissionéss*
programme	**programa**	*programa*
sponsor	**patrocinador**	*patrossinador*
stand	**puesto/stand**	*pouéssto/ésstann*
tarif	**tarifa**	*tarifa*

Santé

Les secteurs de la santé et de la médecine font la fierté des Cubains et leur excellente réputation à travers le monde, en dépit du manque cruel de médicaments sur l'île.
Contrairement à ce qui se passe dans d'autres pays d'Amérique latine, on n'y rencontre plus de maladies telles que la fièvre jaune, le choléra, le typhus, la malaria ou la poliomyélite. Les soins médicaux sont d'ailleurs gratuits pour les Cubains.

Chez le médecin, aux urgences

Bien que nous espérions que nous n'ayez pas à l'utiliser, le vocabulaire qui suit vous sera utile en cas de souci de santé.

Où puis-je trouver un médecin qui parle français ?
¿Dónde puedo encontrar un médico qué hable francés?
donndé pouédo énnconntrar ounn médico ké ablé frannséss

Où se trouve l'hôpital le plus proche/la clinique la plus proche ?
¿Dónde está el hospital más cercano/la clínica más cercana?
donndé éssta él osspital mass sércano/la clinica mass sércana

S'il vous plaît, appelez vite un médecin/une ambulance !
¡Por favor, llame rápido un médico/una ambulancia!
por fabor djamé RRapido ounn médico/ouna ammboulannsia

Symptômes

Dans la mesure du possible, pour éviter des désagréments comme la tourista, essayez de ne boire que de l'eau minérale. Sachez par ailleurs que la dengue (maladie infectieuse transmise par la piqûre des moustiques) se traduit par une fièvre soudaine, des douleurs articulaires et musculaires et des vomissements.

Je suis malade.
Estoy enfermo/a.
*éss**to**ï énn**fé**Rmo/a*

Je suis patraque.
Estoy matungo/a.
*éss**to**ï ma**tounn**go/a*

Je suis diabétique.
Soy diabético/a.
***so**ï dia**bé**tico/a*

Je suis cardiaque.
Soy cardíaco/a.
***so**ï caR**di**aco/a*

Je suis allergique.
Soy alérgico/a.
***so**ï al**éR**Hico/a*

J'ai de la fièvre et mal à la gorge.
Tengo fiebre y dolor de garganta.
***ténn**go **fié**bRé i do**loR** dé gaR**gann**ta*

J'ai des nausées/la diarrhée depuis deux jours.
Tengo náuseas/diarrea desde hace dos días.
***ténn**go **na**ousséass/dia**RRé**a **déss**dé **a**ssé doss **di**ass*

Je suis constipé(e).
Tengo estreñimiento.
***ténn**go ésstRégnimi**énn**to*

J'ai envie de vomir. / J'ai vomi.
Tengo ganas de vomitar. / Vomité.
ténngo ganass dé bomitar / bomité

Ça me brûle quand j'urine.
Me arde al orinar.
mé ardé al orinar

Douleurs et parties du corps

Voici une série de mots qui vous aideront à décrire une douleur ou un symptôme :

J'ai mal... / Il/Elle a mal...	**Tengo dolor de... / Él/Ella tiene dolor de...**	*ténngo dolor dé él/édja tiéné dolor dé*
à la tête.	**cabeza.**	*cabéssa*
au dos.	**espalda.**	*ésspalda*
aux dents.	**dientes.**	*diénntéss*
à l'estomac.	**estómago.**	*ésstomago*
à l'œil.	**ojo.**	*oHo*
à l'oreille.	**oído.**	*oïdo*
au ventre.	**vientre.**	*biénntré*

J'ai... / Il/Elle a...	**Tengo... / Él/Ella tiene...**	*ténngo / él/édja tiéné*
des vertiges.	**mareos/vértigos.**	*maréoss/bértigoss*
des frissons.	**escalofríos.**	*ésscalofrioss*
de l'asthme.	**asma.**	*assma*
une blessure.	**una herida.**	*ouna érida*
une brûlure.	**una quemadura.**	*ouna kémadoura*
des convulsions.	**convulsiones.**	*connboulsionéss*
un coup de soleil.	**quemadura de sol.**	*kémadoura dé sol*
des crampes.	**calambres.**	*calammbréss*

une démangeaison.	**picazón.**	*pica**ssonn***
la diarrhée.	**diarrea.**	*dia**RRé**a*
une fracture.	**una fractura.**	***ou**na **fRac**touRa*
des hémorroïdes.	**hemorroides.**	*émo**RRo**ïdéss*
une indigestion.	**una indigestión.**	***ou**na inndiHéssti**onn***
une insolation.	**una insolación.**	***ou**na innsolassi**onn***
une infection urinaire.	**una infección urinaria.**	***ou**na infécsi**onn** ouRi**na**Ria*
des nausées.	**náuseas.**	***na**ousséass*
un rhume.	**(un) catarro.**	*(ounn) ca**ta**RRo*
le rhume des foins.	**coriza.**	*coR**i**ssa*
de la tension.	**presión alta.**	*pRéssi**onn al**ta*
une toux avec du sang.	**una tos con sangre.**	***ou**na toss conn **sann**gRé*
un ulcère.	**una úlcera.**	***ou**na **oul**séRa*

Les différentes parties du visage et du corps

Le visage

bouche	**boca**	***bo**ca*
dent	**diente**	*di**énn**té*
gencives	**encías**	*énn**ssi**ass*
front	**frente**	***fRénn**té*
joue	**cachete**	*ca**tché**té*
langue	**lengua**	***lénn**goua*
lèvre	**labio**	***la**bio*
mâchoire	**quijada**	*ki**Ha**da*
menton	**mentón**	*ménn**tonn***
nez	**nariz**	*naR**iss***
œil	**ojo**	***o**Ho*
oreille	**oreja**	*oR**é**Ha*
visage	**cara**	***ca**Ra*

Les parties du corps

appendice	**apéndice**	a**pénn**dissé
bras	**brazo**	**bRa**sso
cheville	**tobillo**	to**bi**djo
cœur	**corazón**	coRa**ssonn**
côte	**costilla**	coss**ti**dja
cou	**cuello**	cou**é**djo
coude	**codo**	**co**do
doigt	**dedo**	**dé**do
dos	**espalda**	éss**pal**da
estomac	**estómago**	éss**to**mago
foie	**hígado**	**i**gado
genou	**rodilla**	RRo**di**dja
intestins	**intestinos**	inntéss**ti**noss
jambe	**pierna**	pi**éR**na
main	**mano**	**ma**no
muscle	**músculo**	**mouss**coulo
os	**hueso**	ou**é**sso
peau	**piel**	pi**él**
pied	**pie**	pi**é**
torse	**pecho**	**pé**tcho
poumon	**pulmón**	poul**monn**
rein	**riñón**	RRi**gnonn**
seins	**senos**	**sé**noss
testicules	**testículos**	téss**ti**couloss
tête	**cabeza**	ca**bé**ssa
vessie	**vejiga**	bé**Hi**ga

Soins médicaux

Il existe des hôpitaux disposant d'équipements très modernes – comme le **Cira García**, à la Havane –, exclusivement réservés aux touristes, aux étrangers et à une clientèle de privilégiés. Vous devrez régler les soins en avance, en devises et en espèces.

Où avez-vous mal ?
¿Dónde le duele?
donndé lé douélé

Avez-vous été vacciné(e) ?
¿Ha sido vacunado/a?
a sido bacounado/bacounada

Vous devez prendre un comprimé toutes les 6 heures/3 fois par jour.
Tiene que tomar una pastilla cada seis horas/tres veces por día.
tiéne ké tomaR ouna pastidja cada séiss oRass/tRéss bésséss poR dia

Je vais vous prescrire des analyses complémentaires.
Le voy a mandar análisis complementarios.
lé boï a manndaR analississ commpléménntaRioss

Le diagnostic du médecin en quelques mots

Vous avez...	**Tiene...**	*tiéné*
une allergie.	**(una) alergia.**	*(ouna) alérHia*
de l'arthrite.	**artritis.**	*aRtRitiss*
une conjonctivite.	**(una) conjuntivitis.**	*(ouna) connHounntibitiss*
la dengue.	**(el) dengue.**	*(él) dénngué*
une entorse.	**un esguince.**	*ounn éssguïnnsé*
la grippe.	**(la) gripe.**	*(la) gRipé*
une hépatite.	**una hepatitis.**	*ouna épatitiss*
une infection.	**una infección.**	*ouna ïnnfécsionn*
une intoxication alimentaire.	**una intoxicación alimentaria.**	*ouna ïnntocsicassionn aliménntaRia*

une otite.	**una otitis.**	***ou**na o**ti**tiss*
une tendinite.	**una tendinitis.**	***ou**na ténndi**ni**tiss*
le tétanos.	**(el) tétanos.**	*(él) **té**tanoss*
la tourista.	**(la) turista.**	*(la) tou**Riss**ta*
un virus.	**un virus.**	*ounn **bi**Rouss*

Vous vous êtes fait un claquage musculaire.
Tiene un tirón muscular.
*ti**é**né ounn ti**Ronn** mousscou**laR***
avez un claquage musculaire

Vous vous êtes cassé/foulé la cheville.
Tiene partido/torcido el tobillo.
*ti**é**né paR**ti**do/toR**si**do él to**bi**djo*
avez cassé/foulé la cheville

Santé de la femme

Mesdames, voici quelques mots utiles pour le cas où vous devriez vous adresser à un médecin.

J'ai dix jours de retard.
Tengo diez días de atraso.
***ténn**go di**éss** **di**ass dé a**tRa**sso*

J'ai des saignements.
Tengo pérdidas de sangre.
***ténn**go **péR**didass dé **sann**gRé*

Je suis enceinte.
Estoy embarazada.
*ess**toï** émmbaRa**ssa**da*

J'ai mes règles.
Tengo la regla.
***ténn**go la **RRé**gla*

Et si vous commencez à entrer dans les détails, voici quelques mots-repères :

contraceptifs	**contraceptivos**	*conntRasséptiboss*
ovaires	**ovarios**	*obaRIOSS*
utérus	**útero**	*outéRO*
vagin	**vagina**	*baHina*

Chez le dentiste

On ne sait jamais, il se peut que vous ayez à fréquenter le cabinet d'un dentiste...

Où puis-je trouver un dentiste ?
¿Dónde puedo encontrar un dentista?
donndé pouédo énnconntraR ounn dénntissta

J'ai un abcès/une carie.
Tengo un absceso/una carie.
ténngo ounn absséssoiouna caRié

Cette dent me fait mal.
Este diente me duele.
éssté diénnté mé douélé

J'ai perdu un plombage.
Perdí un empaste.
péRdi ounn émmpassté

Chez l'opticien

Vous trouverez très peu d'opticiens à Cuba, toutefois ces quelques phrases vous aideront si d'aventure vous devez aller voir un ophtalmologue dans un des hôpitaux de l'île.

J'ai cassé mes lunettes.
Se me han roto mis espejuelos.
*sé mé ann **RRo**to miss esspéHou**é**loss*

Je vois mal de loin/près.
Veo mal de lejos/cerca.
***bé**o mal dé **lé**Hoss/**sé**RCa*

J'aimerais acheter des lentilles de contact.
Quisiera comprar lentes de contacto.
*kissi**é**Ra comm**pRaR** **lénn**téss dé conn**tac**to*

À la pharmacie

Il existe une distinction stricte à Cuba entre les pharmacies pour les Cubains et celles destinées aux touristes où l'on ne paie qu'en devises. Si vous avez une prescription médicale, n'oubliez pas de mettre votre ordonnance dans votre valise !

Je cherche une pharmacie.
Busco una botica/farmacia.
***bouss**co **ou**na bo**ti**ca/faR**ma**ssia*

Sans ordonnance, on ne peut pas vous le délivrer.
Sin receta, no podemos dárselo.
*sinn RRé**ssé**ta no po**dé**moss **da**Rsélo*

J'aimerais quelque chose contre...	**Quisiera algo contra...**	*kissi**é**Ra **al**go **conn**tRa*
les aphtes.	**las aftas.**	*lass **af**tass*
les coups de soleil.	**las quemaduras de sol.**	*lass kéma**dou**Rass dé sol*
la diarrhée.	**la diarrea.**	*la dia**RRé**a*
le mal de mer.	**el mareo.**	*él ma**Ré**o*
le rhume.	**el catarro.**	*él ca**ta**RRo*
la toux.	**la tos.**	*la toss*
les vomissements.	**los vómitos.**	*los **bo**mitoss*

Je voudrais…	**Quisiera…**	*kissi**é**Ra*
un anti-histaminique.	**un antihistamínico.**	*ounn anntiissta**mi**nico*
une aspirine.	**una aspirina.* *	***ou**na asspi**Ri**na*
un cachet.	**una pastilla.**	***ou**na pass**ti**dja*
des calmants.	**calmantes.**	*cal**mann**téss*
du coton.	**algodón.**	*algo**donn***
une crème antiseptique.	**una crema antiséptica.**	***ou**na **cRé**ma annti**ssép**tica*
un désinfectant.	**un desinfectante.**	*ounn déssïnnféc**tann**té*
des gouttes pour les oreilles/les yeux.	**gotas para los oídos/los ojos.**	***go**tass **pa**Ra loss o**ï**doss/loss **o**Hoss*
de l'iode.	**yodo.**	*i**o**do*
un laxatif.	**un laxativo.**	*ounn lacsa**ti**bo*
un pansement.	**una curita.**	***ou**na cou**Ri**ta*
des pastilles pour la gorge.	**pastillas para la garganta.**	*pass**ti**djass **pa**Ra la gaR**gann**ta*
des préservatifs.	**condones. / preservativos.**	*conn**do**néss / pRésséRba**ti**boss*
des serviettes hygiéniques.	**íntimas.**	***inn**timass*
des somnifères.	**somníferos.**	*som**ni**féRoss*
un thermomètre.	**un termómetro.**	*ounn téR**mo**métRo*

Index thématique

Espagnol de Cuba - N° édition : 3157
Imprimé en Slovénie
Janvier 2013